Lioar dy hymnyn, as arraneyn spyrrydoil, chyndait gys Gailck, veih licaryn Wesley as Watts, &c. son ymmyd Creesteenyn.

LIOAR

DY

HYMNYN,

AS

ARRANEYN SPYRRYDOIL,

Chyndait gys Gailck, veih Lioaryn

WESLEY AS WATTS, &c

Son ymmyd Creesteenyn

Gynsaghey as coyrtaghey y derrey yeh yn jeh elley ayns PSALMYN, *as* ARRANEYN-MOYLEE *as* SPYRRYDOIL, *goaill arrane lesh grayse ayns nyn greeaghyn gys y Chiarn.*
Col. 3 16.

DOOLISH,

PRENTIT LIORISH J. WHITTAM.

1799.

GYS YN FER TA LHAIH.

AYNS ennaghtyn jeh feme lheid ny perfooryn a, nagh row toigg I *Baarl*, cha nee foddey e dy henney neayr's va *Lwar Hymn* printit ayns *Gaelk* lefh ny fmoo dy Hymnyn ayns y ghlare cheddin ny va er ny akin ayns print roifh then, er ny chruitaghey cour ymmyd lheih-craueee jeh d, chooilley fluyd chould's va mooads yn hoir fordrail eh, goit fon yn chooid fmoo voifh Hymnyn WLSLIY as WATTS, gi fhegn gi'all uffh, ayns fcrieu as ee printal yn Lwar cheddin, nagh row lheid yn chiarail woit as lifigh ve, hug ovi dy laane miffilyn, as caghaaghvi dy reddyu lefh-chiart dy ve aynjee.

As myr t'an Lwar cheddin er dy henney er rectel uffh lheid yn foryghey ve jeant jee, liorifh ymmoddee ayns yn Ellan fhoh (er lheh nyn deid as ta augnagh dy jinnagh uifhtey jeh JEE fheayley as bifhaghey nyn mait un, as ta firecu dy chun yn foays oe hene as fcaltigh el ev er v hofhiaght,) er y choontey fhoh ta ny Hymnyn cheddyn uffh er nule go'n mvi fhen er y traa tayn ragh voil nyn lheid as ta laccal ny Lwaryn Jeddin, ad y gheddyn.

D'

Dy hinceney feofe er-y-fa fhen ny trjee ghu ay ve foaft er gowl, as feme nyn lhe d as nagh vel ny Lioar vn fhoh oc t'an ndi Loar fhoh er jee magh, ynjee t an caghlaa fhoh veih chied hou

Hof --,—T'in hoir goaill fhugh er geire da nu-teed dy *Hymnyn*, nyn maft oc ta jeih, di-eed dy *Hymnyn* noa nagh row neau ayns pri ioie 'fy ghla e amyn, maiifh ny *Hymnyn* va yns chenn hia, er-lhimmney jeh fhiartanfe firdalagh en t'er ny iagail aildoo, nagh row ymmyd er gannoo jeu igh an vennick.

Ayns yn roh ynnyd,—Ta ny fmoo dy chara er ny ghoaill dy fcrieu ny *Hymnyn* fho'n, hu yn ghe 'fcadjin ta n *Ghaelg* er y ve forun ayns, as myrgeddin dy fotaghey ny *Hymnyn* ayns lhea yn aght, as dy bee ny Hymnyn jeh n un foie cooidjagh ayrs y hoar

Iyng,—Myr ta n foar er jeet magh eih prant fhae as cooitey fmoo dy *Hymnyn* nin he roie, ta fhin jeih ai dy jean oc merel rfh fowr oodtey nyn fheid as ta wooifhal aigh vec da cooit X F E.

H Y M N   I.

Cuirrey Peccee dy hyrraa gys Jee.

HO! tar-jee dagh unnane ta p'ta,
 She Jee ta cuirrey tu-jee reue,
" Kionnee-jee bainney s mill' t ch gra,
 Grayfeyn yn fushtal naftee diu

Tar-jee gys ufhtev gell y vea,
 Phceeee, fhe nyn Ver-croo ta geam ;
Tar fhiuifh ta fkee, as viow fhiu fea,
 Vog' tyn ta gennaghtyn nyn veme

Jeeagh fhiu veih Creeft farrane ta gell'
 Avns ftrooanyn roie dy gherjagh fhiu,
Tar fhiumh ta laadit, fkee cha vel
 Feme auh ny argid, y chur lhieu.

Kys ta fhiu lheid ny reddyn reih,
 Nagh vod diu maynrys cooie fordrail
She bleayftyn follym ta fhiu tuiv,
 Yn lab'ragh cu, ta ayns fardail.

Shirrey fon maynrys noon as noal,
 As yn dy braagh dy gheddyn eh :
Cien raad O pheceee, bailliu goll ?
 Son ayms ta goan gerjoil y vea.

Eaifhtee d inneagh iifh fhen ta mie,
 As ce-jee beaghey follan cooie,

Prow-

Prow-jee my vicys, as my ghraih,
  Dy vel mee myghinagh as dooie.

Croym-jee dy arryltagh nyn gleayfh,
  Cred-jee ny goan ta mee dy ghra ;
Trooid credjue bee fhiu troggit feofé,
  Gys bea dy vaynrys fon dy bra.

H Y M N II.

SHE lhean as feavn ta'n raad gys baafe,
  'I houfaneyn annym er ta goll ,
Agh er yn chaffan coon dy ghrayfe,
  Cna vel agh troailtagh, noon as noal.

Gobbal fhin hene, 's goaill feofe nyn grofh,
  Shoh myr ta farev'n Chiarn dy ghra
Shegin da treigeil, dagh nhee ta wafs,
  Ta kiant cofney'n vaynrys bra.

Yn annym agglagh ta gaafe fkee,
  Gobbal dy hooyl yn raad gys niau ,
T ch coyrt e chooyl er raaidyn Yee,
  As jannoo fhickyr jch toyrt-mow.

Hiarn, gew my pheccaghyn erfooyl,
  As leeid mee ayns y chiffan cair,
Raad nagh vod crauee oalfey fhooyl,
  Nagh vod mee-viallee goll er.

H Y M N III.

TA Creeft er n'aarlagh fhibbher vooar
  Lefh beagney flaunyffagh dy-hooai,
As cour dagh annym t'eche room :
T'eh geam da ooilley tar-jee hym.   Ta

'Ta Creeſt cur leſh e laanid hiu,
Cuirraghyn berchigh te hev diu,
Naſtee, ta Yeeſey cur digh nhee,
Pardoon, as mariſh glenniid cree.

Nagh jean ſhiu leſhtal ta mee guee,
Nagh ſoie ſhiu beg jeh cuirrey Yee;
Treig ſhiu dagh taitnys boght neu-feeu,
Dy ghoaill yn ghrayſe t'ec Yeeſey diu

Kys uirragh ſhiu veih lheid yn boayl,
Veih ſlaynt, as niart, as bea gherj il'
Veih gloyr, as mavnrys fegooiſh kione,
Veih ſheſhaght Chreeſt, as ooilley chloan,

'Tar ſhiu ta laadit leſh angaiſh,
Ta ſhooyl gyn gerjagh ſhirrey aaſh;
O tar ſhiu voghtyn doal, as treih,
As cha jean Creeſt ſhiu yooildey ve h.

My Hiarn grayſoil, cha nailliſh coayl,
Yn peccagh ſ'treih, yn annym ſ'moal,
O tar ſhiu ſmeſſey as ſpeccoil,
As yiow ſhiu Yeeſey feer ghrayſoil.

Sne niſh ta'n eariſh jiu yn laa,
Eer niſh t'ch geam diu dy hyndaa;
O tar ſhiu reue fegooiſh cumrail,
As Creeſt hur baaſe nee ſhiu hauail.

HYMN IV.

O Son thouſane dy hengaghyn
  Dy chur ard-ghloyr da Creeſt,
Dy voylley eh er ſon e ghraih,
  E ghrayſe, e chionnaght-reeſht.

My

My Vunfhter, as my Haualtagh,
  O cooin ufs lefh my ghoo.
Ayns fkeayley fud y thuihll dty ghloyi,
  As ooafhicy dt ennym neo.

Ta dt'ennym, Yeefev, guijagh fhin.
  Geiyrt tiimfhey veih nyn gree,
Cre n cunys t'iyn da peeeee voght,
  T'oc fauchys ayn as fhee

T' eh bufhey pooar yn peeeah baaifh,
  Lhiggey'n prvffoonagh fiee'
E uill nee glenney'n peeeagh f broie,
  Son te ei ghlenney mee

Lhig da ny beuvr nifh clafhtyn iifh.
  Yn balloo 'voylley eh,
Lhig da ny doaill eh 'chur-my-ner,
  Son yiow ad fline livrey.

Jeeagh-jee, ta flane nyn loght ei Creen.
  Ghow Eayn meen Yee ayns laue
Dy chui fon oural 'annym hene,
  Son peeeah flane fheelniue.

O dooifht-jee afs nyn gadley broghe.
  As Creeft ver foilfhey diu,
Cur-jee-nyn loght as fayntyn veue
  As niee-jee'n doninney-doo.

Eifht marym s f'broie va bee fys eu
  Dy vel eu flane pardoon,
Feer vavniey vees fhiu ayns e ghraih,
  Bee flaunys eu tra t'ayn

HYMN

H Y M N V.

Er Aalid craueeaght.

YN feihll s'fardalagh dagh nhee t'ayn,
  Ga jeeaghin aalin dooin ;
Son ayns e haitnys ta pyfhoon,
  Ta 'viljid cur lefh guinn.

Yn red fmoo aalid fo yn aer,
  Cre te agh caflys treih,
As ta fhin fhaffoo ayns dangeyr,
  Tra yoghe fhin gerjagh veih.

Nyn moggey fmoo, nyn gaarjyn f'deyr,
  Cre'n aght t'ad goaill fhin jeh ;
T ad goaill yn aigney harrifh cair,
  Dy f'coan yiow Jee agh lieh.

Graih gys ny reddyn t'er yn ooir,
  Nagh trome te orrin lhie ,
Geid lefh yn cree s te afs nyn booar,
  Dy hayrn lefh reefht eh thie.

Haualtagh lhig da dt'aalid eifht,
  Ve'n beaghey aym dagh oor,
As grayfe, my chree dy flane chur lefh,
  Veih reddyn er yn ooir.

H Y M N VI.

BANNIT t'an dooinney, ta treigeil
  Raaid n yn fleih peccoil ;
Raad ta drogh-yantee coyrt meeteil ;
  As ynnyd ny craidoil.

      B.

                Agh

A h goo yn Chiarn ta taitnys da,
  Lane gerjagh t'echey veih,
T'eh lhaih ny genshtagh rish 'sy laa,
  As smooinaght er 'syn oie.

T'eh myr yn billey mie shen, ta
  Rish oirr ny hawin messoil ;
Sauchey veih n ghea ta fioghey's scaah,
  N hoic avns boayl shceoil.

Cha vel eh neu-vessoil as lhome ;
  Agh cronnal ta e vess ;
Messyn grayfoil, myr dhossyn trome,
  T er biljyn feeyney gaase

Agh sleih peccoil cha vel myr shen,
  Ta geiyrt da raad neu-chooie
'T'ad myr y coau ta leih scaa-lhean
  Eehyrit eh'n laait-vooie.

Ayns brwnys cha vod peccee cisht
  Shassoo fud deiney mie ,
Tra nee vn briw Creest, eovrt lesh
  Gys gloyr, ny nooghyn thie

Yeesey dy voddym freayll dy leigh,
  Niartee mee lesh y ghrayse ,
Dy vo 'dym shaghney cronney'n sleih,
  Ta shooyl yn raad gys baase.

H Y M N VII.

TAR shiuish t'ayns graih rish Creest,
  Lesh gennallys gherjoil,
Dy ghoail arraneyn moyllee nish,
  Mygeayrt y milh e stoyl   Adsyn

Adſyn nagh nhione daue Jee,
  T'ad gobbal rooin goaill ayrn:
Agn foddee cloan yn 'martal Ree
  Dy kinjagh moylley'n Chiarn.

Yn Jee, ta er nyn ſkyn,
  Ta takin dagh arhoon,
T'ch markiaght er ny bodjallyn,
  As jannoo'n faaikey kiune.

Sho 'n Jee dy atchim mooar,
  T'ch dooin dagh nhee ta mie;
Ver eh eoſe chaghtervn e phooar,
  Dy ghoaill lhin huggey thie.

Eiſht, hee mayd eh hur baaſe,
  Gyn arragh veih chyndaa,
As eiſht, veih awinyn jeh e ghray ſe,
  Giu maynrys ſon dy bra.

Agh roilh my roſh mayd thie
  Gys gloyr, ta gyn caghlaa:
Lhig ſmooinaghtyn er ſtayd cha mie,
  Ve gerjagh dooin dagh traa.

Dimey t'er gheddyn gravſe,
  T'oc toſhiaght glovr ayns ſhoh:
Son meſſvn flauny ſſagh, ta gaaſe,
  Veih treiſht as credjue bio.

Eiſht lhig dooin moylleʋ Jee,
  As jeir ve currit voin.
Ta boggey Yeeſey avns nyn gree,
  Gys ſeihil dy ghloyr goll roin

B 2.   HYMN

H Y M M VIII.

TA'N dooinnev maynrev t'echev ayrn,
  Ayns bannaght pobble reiht y Chiarn.
Yn chreenaght then ta cheet veih Jee,
Credjue as graih ta ayns y chree.

  Ta'n dooinney maynrey er fkyn infh,
Echey ta credjue bio ayns Creeft,
Er gheddyn gioot feer eunyffagh,
Er chofney tufhtey flaunyffagh

  Creenaght veih niau, quoi oddys gra
Cre'n cofney yindyffagh t'ec da ?
Roifh argid ta fhin foiagh'ee,
As airh cha vel feeu foylagh'ree.

  Ta 'laueyn lane lefh liurid traa,
Berchys, as ooafhlev fon dy bra,
Berchvs veih Creeft gyn eeck erbee,
Yn ooafhley then ta cheet veih Jee.

  T'ee cuirrey fhin dy ve gerjoil,
I efh taitnys crauee fpyrrydoil,
N raaidyn eck gerjoil da'n chree,
As flane e kefmadyn ta fhee.

H Y M N IX.

CHA vaik rieau fooill, cha geayll rieau,
    cleayfh,
  Cha ghient ch rieau 'fy chree,
Dy hoiggal cre ta kiarit daue
  Ta graihagh er Mac Yee !

Yn

Yn Avr eh hene t'er chiarail eh,
  As bee eh maynrys vooar ,
Cur coontey jeh cha vod unnane,
  Te lane erfkyn nyn booar.

Spyrryd y Chiarn t'er hoilfhagh ayrn,
  Bee flaunyys oc lurg baafe
As gloyr e ghoo ta daue londeyr,
  Dy vod ad aynfyn gaafe.

Feer vooar ta'n eunys ta ayns niau,
  Ta ooilley boggey's fhee ,
Agh eh ta tannaghtyn ayns olk,
  Dy bragh ayns fhen cha bee.

Ta giattyn niau jeight feofe noi loght,
  (Yiow peccee dejiey veayn)
Dy bragh unnane cha jig gys niau
  Agh eiyrtyffee da'n Eayn.

Ta hoar y vea livreit gys Creeft,
  Ayn ta dagh ennym noo ,
Nee crauee-oalfey ayns fardail
  Dy gheddyn fhiagh ayn ftreeu,

HYMN X.

MY Yee, ufs bun my vogjey-fmoo,
  She oo my vaynrys bra ,
She oo my herjagh ayns yn oie,
  She oo my ghloyr 'ty laa.

Cha beag yn oie fhen dorragh' dooys
  Ayn ennin uis my Yee ,

Veagh

Veagh oo da m'annym myr rollage,
  Myr grian dy hiow my chree.

Veagh mau myr fofley dy ghoaill rhym,
  Cur fkell jeh'n vaynrys veen ;
Choud as veagh Yeefey toilfhagh' dou
  Myr fonnifh, " Tou lhiam pene,"

O f gennal fcarrin rifh yn ooir
  Tra cnnin lheid y fhee
Ethn lefh boggey fcofe gys niau
  Gys roiaghyn Creeft my Yee.

Cha beign er-creau roifh baafe ny jouyl
  Chamoo rifh nhee dy beagh ,
Trooid credjue Chreeft, as ayns e ghrail
  Veagh aym flane barriaght.

HYMN XI.

Er Mieys Yee.

JEEAGH kys t'ch treinit cafs as laue,
  Saualtagu feihll peccoil ;
Nagh mooar va' ghraih, dy daag eh niau
  Son ain dy gheayrtey uill !

Clafht rifh e accan , jeeagh' cre'n craa.
  T 'er ghreimmey'n ooir veih heefe !
Coodagh yn chiamble raipit ta,
  Ny creggyn crcoi ta brifht.

Te jeant yn lhiafagh' er my hon,
  Gow m'annym eifht t'ch guee !
Jeeagh, kys t'eh crommey fheefe e chion
  Chroym eh, as phaart Mac Yee ! A.

gh s leah t'ch cur yn baafe afs bree,
Soilshean ayns glovr as pooar
Quoi hur pian myr ren F vr Yee?
Quoi ayns va graih cha mooar?

H Y M N X I.

TREINIT gys billey'r Calvary;
Coodit lefh ollifh as lefh fuill;
O jeeagh er Ree dy chooilley Ree!
Crommey gys baafe ta'n Jee graifoil.

Quoi Hiarn, t'er n'yannoo'n obbyr fhen?
Quoi ren dty chorp gloyroil y vroo?
Dty chree veih loght dv kinjagh glen,
Chamoo va foalfaght ayns dty ghoo.

She mifh, eer mifh t'er nirree dt'oi,
Hug oo gys feaghyn t'erfkyn goan,
Hug er dty uill fmoo deyr dy roie,
Yn chrown dy ghrine chur ei dty chione

In Ree dy ghloyr cre vel ch nifh?
Yn Mac glovroil jeh lheid yn ftayd,
E oaie lefh trimfhey eroghey fheefe,
As neefht gannooin igh fo yn laad.

She fo my laad hur oo yn baafe,
Mifh ren dty choyrt gys wheefh dy gheir,
Ren cur ort geam lefh wheefh d angaifh:
As marroo Mac fmoo deyr yn Ayr.

Ayn Yee fmoo graih gh as gloyroil,
S graihagh er peccee ta dty chree;
Cooin

Cooin lhiam dy ennaght bree dtv uill,
 Dty ghraih ayns baafe ren kionnaght mee

She mifh va treigit, boght, as faafe,
 My lhie ayns beeal yn lion dewil,
Ufs, lheim avns cabbyn geyr y vaaifh,
 Dy my livrey veih pooar yn jouvl.

Cur dooys dy ennaghtyn dty phian,
 Goaill binc jeh'n chappan fharroo neefht,
Gymmyrkey'n chrofh mayrthene vn Eavn,
 As ayrn ve aym ayns furranfe Chreeft.

Haualtagh graihagh cooin ufs lhiam,
 Yn currym t'orrym y choilleen,
Dy vod dv chooillev nhee ta avm,
 Ve baarit gys yn ghloyr ayd hene.

Still lhig dty ofnaghyn as jeir,
 Kinjagh cur er my hooillyn roie ;
Derrev veem troggit fcofe 'fvn aer,
 As mayrt avns yrjey gloyr ne hoie!

H Y M N XIII.

NAGH mooar vn injillid as graih
 V'ayns mac vn martal Jee,
Tra daag eh mau er graih fheelnaue,
 As gheayrt ch fuill e chree.

Rov chvmmey ricau myr chymmev Chreeft
 Son f'mie va echev fys,
Dy row eh cheet dy hurranfe baafe ;
 Nagh mooar va 'ghiaftyllys.

Nyn

Nyn beceaghyn fhe fhen va'n oyr
  Hur Yecfey Creeft y piin ,
Ren Mac beayn Yee cur fuill e chree
  Dy chofney dooin bea veayn

Nifh ga t'ch reill ec laue yefh Yee,
  Cha vel e ghraih veg floo ,
T'ch cooinaght foaft er Calvary
  Vs er e gheinec noo

H Y M N XIV.

O Ghraih-flaunvs, cre ta jeant avd !
  She Jee t'ei hurranfe baafe fon ayn
Mec coirvm rifh yn A.r ayns ftayd
  Ta n'ymmvrkey mv pheceaghyn '
Son avin t Jee ei hurranfe baafe,
My Hiarn, my ghraih t'ch efhyn crofs't.

O gow-jee yndvs fhiu fh phecece
  Jch furranfe Chreeil, eh Pince y ven
Tar-jee, fon eu roie fuill e chree,
  O row ricav feaghyn myr hui ch ,
Tu cnnee marym bree e viife,
My Hiarn, my ghraih t'ch efhyn crofs.

Tch eil yn crofs't fon aym as eu,
  Dy hiarn fhin fhaghrynee gys Jee '
Cied, cied, ta'n feanifh er dy niein,
  Ta fhin kionnit ec fuill mac Yee.
Pardoon as bea ta ayns e viife,
My Hiarn, my ghraih t'ch efhyn crofs't

Nifh lhig dooin foie ec bun e chroih,
  As giu jch ufhtey gell y vea ,
C.   Digh

Dagh nhee hreigeil er coontev Chreeft,
 As cur nyn greeaghyn feofe hugec,
Nyn ghoan nyn fmooinaght lhig daue ve
My Hiarn, my ghraih t'er ny ehrofley

HYMN XV.

Ei Baafe.

YNSEE dou towfe my laghyn giar,
 Ufs my Er-croo grayfoil ;
Baillym goaill taftev jeu ny fhare,
 Cha fiyragh as t'ad goll.

She lhiurid reifh ta er nyn fon,
 Cha giare fhen ta nyn draa ;
Ta dooinney eifht fardail as joan,
 Ayns 'aalid as y vlaa.

Jeeagh er fheelnaue, fon red neu-teeu,
 'Sy choan fhoh wafs rouail,
Tooilleil as boirey, geam as ftreeu,
 As t'ooilley'n fheean fardail

Paart geearree ooafhley fuihltagh ta,
 Paart elley berchys reih,
Cour eiraghyn gyn tys quoi da,
 Ad hene dy leah goit veih.

Cre er neem's foiagh eifht my imnea,
 Yn feihll, ny cooney fleih ?
Yn jerkal ain t'ad giaey jeh,
 As molley fhin dy tieih.

'Sy theihll cha jeanyn cur my hreifht,
 Ny foiagh' ei, my chree,   Agh

Agh cur my yerkil feihltigh feofe,
  As credjal ayns my Yce.

HYMN XVI.

KYS veigh fhin keiyney choud dy hraa,
  Ec baafe perfoonyn mie :
Nigh nee nyn Jiarn t'ayn coyrt ooraa,
  Dy eam ad huggey thie.

Nagh vel fhin huggey neefht fcapail,
  Cha chion as traa ti roie ,
Chimoo t'ain yeearree dy chumrail,
  Ny fodjey voifh nyn n'ghraih.

Kys ghoghe fhin aggle dy eur fhecfe,
  N yn girp 'fyn oaye gys fea ?
Raad lhie corp oafle Yeefev Creeft,
  'S t'er yannoo maynrey jch.

'Ta bannaght Yee er deiney mie,
  Nyn gadley ayns y joan .
Cre beagh ny oltyn booiagh lhie
  Ayns baafe, agh raad va'n kione *

Agh ta nyn Jiarn er n'irree-reefht,
  Ginih dooin vn raad gys glovr,
Nce n eill ain getlagh feofe gys Creeft
  Ec ha yn irree-vooar.

HYMN XVII.

TRA irreem's veih yn lhiabbee-vaaifh
  Laadit lefh atchim mooar
Sumnit kion-femifh my Er-croo
  O kys nee'm eifht ganfoor.

Niih

Nifh choud's ta mygbin, as pardoon,
  Daue t'er y hon chyndaa !
Dv vel my annym cer er-creau,
  Ee fmooinaght er y traa !

Tri ne'oo, O Hiarn, gyn coodagh cheet,
  Ayns ooafhley aid as pooar,
Er m'annyms foie ayns briwnys gyere,
  O kys ncem's eifht g nfoor ?

O lhig dou lefh cree imlee brifht,
  Keayney my pheccah traa,
Moghey 've arryflagh ayns jcir
  Seipail yn treihys vra.

Roifh te ro-anmagh, cur-my-ner
  Mv hrimihey laa as oie ,
As caifht rifh accan baaifh my Hiarn,
  Dy chur da'n trimmid cooie.

Chi beem s ayns doovt, dy gheddyn nifh
  Pardoon, fon loght mv vei,
Fys t'aym dy hurdty vac hene baafe,
  Dy yannoo fhickyr jeh.

H Y M N   XVIII.

SHE N vea fhoh'n traa dy hirveifh Jec,
  Dy yannoo fhickyr bea, as fhee ,
Choud as ta n fufhtal gcamgh da,
Foddee yn pecc ig i fmoo chyndaa.

  Yn traa ta Jee dooin' er chairail,
Baafe as coayl-anmey dy fcapul
Yn laa dy ghravfe ta ee fheelnaue,
Dy yannoo fhickyr maynrys mau.   Ta

Ta toiggal ec ny bioee jeh
Dy vow ad baafe, fon fhen myr te -
Cha nhione da'n mairoo nhee erbee,
Jarroodit as jarrood dagh nhee

Ta chammah'n ghraih oc as yn dwoaie
Erfooyl, as eillit ayns yn oaye,
As eillit neefht ta n yeearree 'sjeean
Gys cooilhyn feihltagh to yn ghrian.

Shen t'ym's ayns laue dy yannoo nifh,
Lhig dou lefh flane my niart goll myfh :
Son ebbyr credjue, treifht, ny pooar,
Cha vel ry-gheddyn ayns yn ooir.

Cha vel pardoon ayn er nyn fon,
'Syn oaye raad ta fh'n goll dy chion .
Agh dooid y vaaifh, as mechraifhteil,
Ta ayns nyn gummey agglagh reill.

HYMN XIX.

CEAU fh u agh blecantyn giare ayns
fh'h,
As ad ta nifh 'ty chillin bio,
Nee miryn's, goll vein n coan dy yeir,
Dy ghoaill veih Jee nyn gronney cair.

Dagh annym roifh nee ad paartail,
Dudys ayn niau e'right charail
Ayns thie ryn Ayr ya bayl dy hee,
As beems ayns fhear inih dou my Yee.

H Y M N XX.

NHEGIN dou afs fhoh paartail,
  My chorp s'yn ooir chur fheefe ?
As nhegin dou goll fegooifh cumrail,
  Gys feihll ta eifkyn infh ?

Gys cheer ta fo fcadoo,
  Nagh vel fhin fakin trooid,
Ny merriu ayns nyn lhiaghtyn grow,
  Ayns fhen er ny yarrood.

Tra nee'm yn fcihll aggail,
  Cre vees my chronney eifht ?
Boggey ny trimfhey hig my whail,
  As fhegin dou jannoo lefh.

Dooifht horifh feiyr y chayrn,
  Nee'm girree fcofe veih n oaye :
Nee'n briw cheet, lefh gloyr foillhean,
  Bee'n aer myr coirrey lheie ·

Kys neem's faagail my lhiaght ?
  Lefh gerjagh, ny anvea ?
Maynrys ny treihys fon dy bragh,
  Shegin eifht my chronney ve :

Jean ainlyn er-y-chooyl
  Chur lefh mee fcofe gys Jee ?
Ny jouill y raipey mee erfooyl
  Gys pian as trimfhey cree ?

Quoi oddys ginfh yn dooyt,
  Ta nifh lhie er my chree ?
Beem foddey void's ayns niurin jeiht ;
  Ny goit ftiagh maiifh Jee ?

Ny cummal maiifh flaunviice :
  N) ceaut gys niurin fheefe ?

O ufs nigh vel faagail
  Unnane gyn chcb dy ghrayfc,
Agh hur oo baafe, fon dy hiuiil
  My annym boght veih baate,

Jecigh dou yn raad dy plain,
  Nee treihys v fcapail,
Fifht tra nee'oo cheet lefh glovi foilfhean,
  Lefh boggey hi'm dy whail.

Oo hene yn caffan cair,
  Tai fiyragh ayns my chree :
Dy voddym ceau my laghyn gin-,
  Gys gloyr as moylley Yce

Eifht verym graih da Jee,
  Ren hofhiaght graih chur dou,
As molly'm oo fegooifh ve fkcc,
  Er fon dy bragh ayns niau !

HYMN XXI.

BANNAGHT, moylley, glovr, as
  booife,
  Son dy bragh dy row da Jee,
Ayns dty ghraih, as mooaas crreeifh,
  T'ou cui reamys dooin as fhee :
Firuinagh gys goo dty ghrayfe,
  T'ou er ghloyraghey yn Eayn.
Yeefcy Creeft nyn Jiarn hur baafe,
  Choffyn dooin yn eiraght veayn.

                    T'ou'n

T'ou'n pryssoon igh er hurey,
 Vuh vn ail yn errey skee
Raad ta n voo nyr skee ee fea,
 Er ny haghym the igys Jee
Pion as hoys n ih erfooyl,
 Share e noidyn t ch re roo
Baafe as nuirin ee aut ny chooyl,
Surranfe cha jean ch ny fmoo.

Oh ! ta'n creeftee er fooyl thie,
 Nifh ta'n ftreu, g'ovroil ee fea,
T ch ei chaegeyn ci grey mie,
 Bai'e ta flu ggit fcofe yns bea,
Scofe er fuinyn ainlyn goll,
 Veih vu ooir er ny chaghlin,
Nifh da Jee t'ch troggal knull,
 Maynrys Pargys currit du

Lhig dooin ooille y ifh geaill ayrn
 Ayns v arrane moyllee noa,
Hig mud roin er gys nyn fiarn,
 Son cha voddey vees mayd bio
Nee mu d goll veih'n thie dy chray,
 Geddyn ayn ayns erraght shire
Lan gyn kione goaill foyllev jeh
 'Sm ynrey veet mayd nifh nyn miaau

Son yn fluh te'n fuihll dy choayl,
 Lhig dauu keavney nifh dy hooar
Agh nyn mraar gys Creeft ter n ghoil,
 Baafe ta dhyt, yn cofnev mooar
T ou ei choiney ftiagh g s fea
 Trimfhagh ta mee chredjuee :

Shu'u

Sh yn gerjoil leeideil nyn mea,
  Derrey hig mayd thie gys Jee!

HYMN XXII.

AS vel mee ruggit cour yn vaafe?
  Nhegin dou faagail dagh nhee ta wais
  As crommey gys y joan ?
Cre'n leagh lurg baafe vees currit dou ?
Nee trimfhey's pian ny boggey niau,
  Ayns traa ta fegooifh kione ?

Kys lhifin beaghey eifht ayns fhoh
Choud as ta Jee fparail mee bio,
  As coadey'n challin faafe !
Lefh lane kiarail my vea leeideil,
Er m'arrey, is dy kinjagh prayll,
  Kiartigh fon laa my vaafh

Traa cha vel ayn fon reaid ny cloie,
Ayns faynt, ny boggey'n feihll dy roie,
  As traa cha fiyragh goll
Er geirey dooin ti'n briw cheet,
As ooilley'n feihll dy leah vees eit,
  Dy haffoo roifh e ftoyll,

Nhee ayns y theihll cha neeu kiarail,
Agh kys veem abyl dy fcapail
  Baafe fon dy bragh as pian !
As jannoo fhickyr foayr my Yee ·
Eifht tra nee'n corp fhoh coayl e vree,
  Nee'm cofney maynrys veayn !

D.   Hiarn

Hiarn jeeagh lefh chymmey ncofe veih men
Bee'n raad, as neefht leeideilgh dou,
 Ver lefh gys maynrys mee
Cur dou flane ennaght jeh aty ghrayfc,
Dy voddym tra nee'm geddyn baafe,
 Paartail er-fooyl ayns fhee.

H Y M N XXIII.

ER-SOOYL lefh dagh aggle voin nifh,
 Ta faggys ec kione nyn nhurnaa ,
Ard-valley ny nooghyn hig rifh,
 Dy leah nee mayd fakin yn laa
Veih'n ooir nee mayd goll ayns traa giare,
 Gys boayl ta flane yecarree nyn gree.
As troggal gys cummal nyn Ayr,
 Yn plaafe raad ta ainlyn, as Jee

Veih ooilley nyn feaghyn livreit,
 Seofe troggit tra heidys vn cayrn,
As fakin yn ard-valley cheet,
 Myr ben-phoofee reiht fon y Chiarn:
Ta n balley cha catherick glen .
 Gyn feagh n ny trimfhey da'n chree:
Son peccah cha vod cheet avns fhen,
 Ny coodagh dy olkys erbee !

Trooid credjue ta fhin cur-my-ner,
 Jerufalem euny flagh fhen,
Ny voalleghyn jafper as airh,
 Cha follys as cryftal foilfhean ;
Ta'n undin eek fhickyr dy hooar,
 Dy bragh er ny feughey cha bee

T'ee

T'ee foilfhagh yn obbree mooar,
　Cha follys lefh gloyr aalin Yee.

Gin feme rifh yn ghrian avns y laa,
　Son oie cha jean rofhtyn gys fhen :
Agh Yeefey foilfhean fon dy bra,
　Lefh foilfhey cha follys as glen -
Yn ayn ta yn ghrian ta foilfhean,
　Ny nooghyn lane follyfid ceau ,
Marifh Creeft fon dy bragh t'ad unnane,
　Sy ghloyr as 'fyn Aalid t'ayns Niau.

Ny nooghyn ayns fenifh yn Eayn,
　'Syn ciraght gloyroil yiow ad ayrn ,
As marifh ayns niau dy bragh beayn
　T'ad beaghey ayns gerjagh nyn Jiarn :
Ec fhilley jeh eddin Mac Yee,
　Ta flaunyffee lhieeney lefh graih :
Ti eunys dy bragh da nyn gree,
　Dy kinjagh dy akin e oaie.

H Y M N XXIV.

BOOISE gys yn Jee dy ghiaih dy bra,
　Nyn Mraar afs fcaghyn t'er livrey :
Iys boggey flaunyfs er chaghlaa,
　'Sy boayl dy vaynrys, nifh ec fea.

Ant aarloo fon yn fouyr gloyroil,
　Hofhiaght veih peccah er ny niee :
Fhi haink yn chaghter feer gherjoil,
　Lhig raad da'n arnym, fcofe gys Jee.

Hiarn jeeagh lefh chymmey neofe veih niau,
Bec'n raad, as neefht leeideilagh dou,
  Ver lefh gys maynrys mee
Cur dou flane ennaght jeh dty ghrayfe,
Dy voddym tra nee'm geddyn baafe,
  Paartail er-fooyl ayns fhee.

H Y M N XXIII.

ER-SOOYL lefh dagh aggle voin nifh,
  Ta faggys ee kione nyn nhurnaa ,
Ard-valley ny nooghyn hig rifh,
  Dy leah nee mayd fakin yn laa :
Veih'n ooir nee mayd goll ayns traa giare,
  Gys boayl ta flane yeearree nyn gree :
As troggal gys cummal nyn Ayr,
  Yn plaafe raad ta ainlyn, as Jee.

Veih ooilley nyn feaghyn livreit,
  Seofe troggit, tra heidys yn cayrn,
As fakin yn ard-valley cheet,
  Myr ben-phoofee reiht fon y Chiarn :
Ta'n balley cha catherick glen :
  Gyn feagh, n ny trimfhey da'n chree :
Son peccah cha vod cheet ayns fhen,
  Ny coodagh dy olkys erbee !

Trooid credjue ta fhin cur-my-ner,
  Jerufalem eunyflagh fhen,
Ny voallaghyn jafper as airh,
  Cha follys as cryftal foilfhean ;
Ta'n undin eck fhickyr dy hooar,
  Dy bragh er ny feughey cha bee :

T'ee

Tee foilſhagh yn obbree mooar,
  Cha follys leſh gloyr aalin Yee.

Gin ſeme riſh yn ghrian ayns y laa,
  Son oie cha jean roſhtyn gys ſhen :
gh Yeeſey foilſhean ſon dy bra,
  Leſh foilſhey cha follys as glen :
In Eayn ta yn ghrian ta foilſhean,
  Ny nooghyn lane follyſid ceau ,
Mariſh Creeſt ſon dy bragh t'ad unnane,
  'Sy ghloyr as 'ſyn Aalid t'ayns Niau.

Vy nooghyn ayns feniſh yn Eayn,
  'Syn eiraght gloyroil yiow ad ayrn ;
s mariſh ayns niau dy bragh beayn
  T'ad beaghey ayns gerjagh nyn Jiarn :
e ſhilley jeh eddin Mac Yee,
  Ta flaunyſſee lhieeney leſh graih :
e eunys dy bragh da nyn gree,
  Dy kinjagh dy akin e oaie.

H Y M N XXIV.

BOOISE gys yn Jee dy ghraih dy bra,
  Nyn Mraar aſs ſeaghyn t'er livrey :
ys boggey flauntys er chaghlaa,
  'Sy boayl dy vaynrys, niſh ec fea.

Int aarloo ſon yn fouyr gloyroil,
  Hoſhiaght veih peccah er ny niee :
ht haink yn chaghter feer gherjoil,
  Lhig raad da'n annym, ſeoſe gys Jee.

T'eh

T'eh neefht er chaggey'n caggey mie,
   Lefh boggey cheayll eh yn coraa,
" Ta dt'obbyr jeant, tar feofe hym thic,
   Marifh dty Hiarn er fon dy bra."

Seofe gys ny cummallyn 'fyn aer,
   T'eh gardit lefh ec flaunyffee,
Ayns oghrifh ABRAHAM e ayr,
   As feyr veih baafe ayns fenifh Yee.

Booife gys yn Jee grayfoil trooid Creeft,
   Quoi ren nyn garrey y hauail,
Dy mie t'ayd jeant, jean gra rhyms necfht,
   Lefh boggey lhig dou eifht paartail.

Eifht lhig dooin eaggey myr nyn mraar,
   As goaill yn attey lefh tranlaafe,
Streeu gys ny cummallyn 'fyn aer,
   As goaill yn leagh gloyroil ec baafe.

Nee'n briw cairagh, coyrt un laa
   Yn attey daue ta fhirrey nifh,
Lefh foddeeaght ta goaill jurnaa,
   Gys hig nyn garrey graihagh rifh.

Nee'n Chiarn, ny creeghyn ain ta gra,
   Yn yeearree jeavn ta ain chooilleen,
Ny fmoo ny oddys 'nane gimraa,
   As jannoo neefht flane maynrey j'in.

Hee mayd yn vea cheet rifh un laa,
   Yn vea ain follit ayns y Chiarn,
Nee'n joan ain clafhtyn yn coraa.
   As troggal feofe ec feiyr yn chayrn ;

Quoi

Quoi oddys gymmyrkey yn treisht ?
 Cha maynrey te dy smooinaghtyn
Dy bee mayd cooidjagh troggit seose,
 Quail Yeesey ayns ny bodjallyn !

Beaynid ayns shilley, shassoo magh,
 Myr faarkey mooar fegooish cumbaase ;
Jeh'n seihll dy hoilshey nish t'ain baght,
 Beaynid nagh jean ny skyrrey gaase !

Son pooaryn niau ta nish cheet hooin,
 Goaill ayrn jeh boggey flaunyssee ,
Agh beaynid hene ta kiarit dooin,
 Beaynid dy ghraih heose marish Jee.

H Y M N XXV.

'SY traa ta ceaut t'ou Hiarn er ve
  Yn cooney ain dagh laa ;
'Sy traa ry-heet ne'oo shin livrey,
 As oo nyn eiraght bra

Fo scaa dty stoyl sheer lhig dooin soie,
 D kinjagh treill ayns shee ,
Son ooilley niartal ta dty roih :
 Cre'n sauchys t'ain ayns Jee !

Roish my row order er dagh slieau,
 Ny cummey er yn joan,
T'ou uss yn Jee ta er dy rieau,
 Son bleeantyn fegooish kione.

Thousane dy eashyn roish dy oaie
 Myr fastyr t'er ny cheau :

Ny

Ny myr va arrey giare yn oie
  Tra haink yn moghrey jiu.

Sheeloghe kiarailagh feill as fuill,
  Lefh aggle as imnea,
Myr roifh yn thooilley goit erfooyl,
  Jarroodit neefht lurg traa.

Traa, myr yn awin, dy bragh ta roie,
  As fceabey er-fooyl y cloan ,
Ta d chea erfooyl, myr dreamal oie
  Yn tra ta'n moghrey ayn.

'Sy traa ta ceaut, t'ou Hiarn er ve
  Yn kemmyrk ain dagh laa ;
Bee nifh fendeilagh flane nyn mea,
  As ynnyd-vaghee bra.

H Y M N   XXVI.

CRE'N fhilley gerjoilagh yn baafe!
  Cre n ftayd ayns y theihll ta cha mie
Cha vod yn fer s'aalin ta gaafe
  Ve foylit gys corp ta ny lhie.
Lefh taitnys ta mee cur-my-ner
  Yn corp, tra ta'n fpyrryd ec Jee ;
As coontey yn ftayd fhen ny fhare,
  As booiagh ve marifh ec fhee.

Nagh maynrey nyn mraar, ta erfooyl!
  Veih ooilley e heaghyn t'eh free :
T'eh'r vaagail dy aafhagh ny chooyl
  Yn challin, veagh touillit as fkee,
                              Veih

Veih olkys t'ou fauchey dagh traa,
  She mifh dty ftayd mie ta mee troo:
Cha bee oo ayns treihys dy bra ;
  Ny peccagh myr ta mifh ny fmoo.

Yn ooir cha vel gennaghtyn nifh,
  Ny gaccan fo feaghyn erbee ,
Ta ooilley yn caggey rev rifh,
  Nagh der dy bragh fneih er e chree:
Yn chrea ta cha bannee as s lhiafs,
  Gyn nearey ry-akin 'fyn oaie ,
Yn vioys dy flane er n'gholl afs,
  Dagh yeear ree er n'immecaght veih.

Yn ' ione fhen veagh ching ta ec aafh,
  E fmooinaghtyn ooilley ec fea :
Yn aigney ta feyr veih angaifh,
  Ny fmoo cha jean gennaght anvea :
Son feaghyn ny miolagh erbee
Cha vod veg y trimfhey chur da :
Son nifh ta flane builley yn chree
Er fcuir, as ec fea fon dy bra.

Ny fooillyn veagh dooifht whilleen traa
  Ec feaghyn, v'eh kinjagh goll trooid ;
T'ad jeight fcofe ayns fea fon dy bra
  As keayney t'ad flane er yarrood .
Dy trimfhey dy bollagh erfooyl,
  Ta'n ufhtey voue nifh er hyndaa ,
V'jeir'nyn ta glen't veih dagh fooill,
  As olkys cha vaik ad dy bra.

a'n cionney aym ftill dy hooilleil,
  Choud's ta mee ayns fhoh ecau my hraa,
                  Agh

Agh kinjagh fon feayfley afs prayll,
 Ayns tyr gys y vaafe goaill jurnaa t
Lefh keayney as dobberan fkee,
 O baare lhiam dy vaikin yn oor!
My fpyrryd jeant cafley rifh Jee,
 My challin dy lhie ayns yn ooir!

HYMN XXVII.

CHA beem's ayns aggle geddyn baafe
 Marym my vees my Yee,
Hem trooid y choan fegooifh angaifh,
 Ny aggle trome erbee.

Hreigin yn feill er fon dy bra
 Ec faarcy Chreeft trooid grayfe:
As roie, my vinnagh en rhym gra,
 Myr Moses eifht yoin baafe.

Dy voddin fakin ains my chree
 Yn ghleyr ta kiarit dou:
Jeh'n feihll, as dagh nhee t'ayn veign fkee,
 Veign booiagh coiney voue.

Goit feofe ayns roiaghyn my Yee,
 My annym veagh ec aafh:
As ragh my vioys voym ains fhee,
 O s maynrey veagh my vaafe!

HYMN XXVIII.

GOAILL boggey fon carrey ta cait
 Afs feaghyn, gys gerjaghey beayn,

Ta

Ta annym veih'n challin livreit,
Afs rofhtyn dagh miolagh as pian ·
Lefh kiaull lhig dooin geiyrt er nyn mraar,
Yn fpyrryd ta nifh er-fooyl thie,
Gys reamyn dy hoilfhey 'fyn aer,
Goaill fea ayns yn Pargys dy ghraih.

Afs rofhtyn dagh fterrym, as geay,
Nyn mraar ta gys maynrys er-fooyl;
Er gofney yn eiraght ny s'leah,
As fhi'yn ta fuaft faagit ny chooyl,
Lefh tonnyn feer ard er ny chraa,
Agh jeean fon y phurt ta fhin roie ;
Yn boayl raad ta kiuiney dy bra,
As raad nagh bee peccah ny fneih.

Ayns fhen nee dagh annym meeteil
Ayns fhoh ren freayll fhefhaght rifh
Creeft ,
Ayns eunys ta fegooifh failleil,
Dagh noid as yn baafe currit fheefe ;
Ta errey ny foilley goit jeu,
Er rofhtyn gys kione nyn yurnaa,
Yn eafh fhen ayns niau nee ad cheau,
Nec farraghtyn kinjagh dy bra.

H Y M N XXIX.

CHOUD as ta ainlyn troggal kiaull,
Ny harpyn-airhey oc ayns fhiaull
Dy ghoaill ·n joarree thie ,
n boggey ain ta feiyt lefh jeir,
chaarjyn-trogh ec fmooinaght er
Ta keayney nifh ayns graih.

E.   Son

Son coayl ny n'gerjagh fmoo 'fy theihll
Keayney ; ny-yeih ta er ny reayll
   Veih fea,hyn harrifh cair,
Er fon nyn mraar, 'er fooyl gys aafh,
Myr , tra h oar LAZARUS graihagh baafe,
   Nyn Jiarn ren fhilley jeir.

I efh ennaght dowin ta fhin pleadeil,
Cha nee myr deiney gyn treifhteil
   Dy akin reefht nyn mraar :
Meet mayd yn annym maynrey heofe ;
Ayns baafe t'ain fhickyrys dy hreifht,
   jeh maynrys erfkyn glare.

O lhig dooin eifht lefh flane nyn gree
Geiyrt er nyn garrey feofe gys Jee ,
   As fmooinaght er yn laa,
Tra hee mayd Creeft cheet ayns yn aer,
As ooilley nooghyn chur-my-ner
   Marifh, ayns ooafhley braa.

Marifh yn earroo mooar gloyroil
Hee mayd nyn garrey, dy gerjoil,
   Dy baghtal cur er enn ;
As joinal marifh afs-y-noa,
(As ad va caarjyn dooin ayn fhoh)
   Dy voylley Jee ayns fhen.

HYMN XXX.

TA fhin cur ooafhley dhyts, O Yee,
   As imlee ta goaill-rifh
Dy moal ta ftayd y dooghys ain,
   Beifhtei,yn faafe as brifh.

Nyn mea ayns fhoh ta gaafe ny s'giare
  Dy chooilley oie as laa ,
Dy chooilley ennal ta fhin tayrn,
  Goaill wheefh fhen veih nyn draa.

Dagh blein ta ceau ta fheer geid voin
  Nyn drofhid as nvn aafe ;
As cre-erbee ta nyn imnea,
  Ta'n troailt ain gys y vaafe.

Caghlaaghyn gaue my geayrt y mooin,
  Dy hayrn fhin gys yn oaye ,
As fhimmey dourin t'ayns y theihll
  Dy eiyrt yn peccagh tuie.

Yee vooar ! nagh keyll ta fnaie yn vea,
  Nagh beg ver fhinyn mow ,
Foaft beaynid via vees cron dagh 'nane
  Leah's ghoys oo'n ennal voue,

Maynrys ny treihys fon dy bragh
  Lhie er'nyn mea cha faafe,
Ga ta fhin feer vee-haftagh fhooyl
  Gyn fmooinaght er y vaafe.

O dooifht ufs, Hiarn, yn tufhtey ain
  Dy hoiagh' orts nyn gree ;
Eifht lhig nyn draa ve giare ny liauyr,
  Ta fhinyn lhiat's, O Yee.

H Y M M XXXI.

Er Birwnys.

YN ard-ainle mooar ver magh coraa,
  Thoufaneyn taarnagh nee buirroogh,

Ny oay'ghyn fofley'n thalloo craa,
  As livrey fcofe nee'n aarkey yoogh

Nee'n keayn e merriu feofe livrey,
  Cha jean yn ooir ny fodjey freayll ,
Er-creau kys baillifh peccee chea,
  Tra hee ad niurin fofley 'beeal.

Agh fhi'yn, quoi ta nyn Jiarn goaill-rifh ,
  As gys yn vaafe biallagh da ;
Shaffee mayd ayns e ynrickys,
  Er undin fhicker nagh jean craa,

Rollageyn tuittym afs yn aer,
  Ny fleit,n rowlal bun-ry-fkyn,
Ver mayd yn fhilley mooar my-ner,
  gyn veg yn oyr dy atchim dooin.

Jeeagh foilfhaghyn gloyroil yn aer
  Rowlal ayns aile as tuittym afs!
Filley myr duillag yn fcreu-deyr !
  As ftoo yn theihll fhoh lheie lefh chiafs !

Yn ooir as ooilley'n ob yr t'ayn
  Lefh flameyn ailagh er ny ftroie ;
Hee mayd fhoh ooilley cheet gys kione ,
  Agh er nyn droggal foddey veih.

HYMN XXXII.

TOU ard ayns gloyr as ooafhley Yee,
  Eer noi aym pene, hood ta mee guee,
Beifhteig, mac dooinney faafe ,
Ta dooifht ayns ayrn ec dty choraa,
Errey jeh gloyr ny treihys bra,
  Ruggit dy gheddyn baafe·   , Saffee

Saffoo er mwannal coon jeh'n ooir,
Eddyr daa faarkey fegooifh oirr,
  Gyn geill cre fherree dou ;
As eer yn tammylt floo dy hraa,
Ta coyrt mee gys yn vaynrys bra,
  Ny jeigh mee ayns Toyrt-mow.

Chyndaa flane m'annym hood my Yee'
As lane imnea foie ayns my chree,
  Cre vees my chronney beayn,
As lhig dou taftey cooie chur da,
As agglagh er bioogh beaynid craa,
  Gys cairys dooftey jeean.

Soie roym eh nifh lefh atchim mooar,
Yn laa hig oo lefh cloyr as pooar,
  Ayns bodjallyn veih niau ;
Briwnys dy choyrt er da' k afhoon·
Infh dou beem feeu ry-gheddin ayn,
  Dy choyrt yn bannaght dou.

Lhig fhoh ve flane kiarail my chree,
Lefh jeeanid cooie dy hirvifh Jee,
  Aarloo fon maynrys gaafe,
Cooilleeney fara,hyn dty ghoo,
As furranfe t'aigney my Er-croo,
  Ve firrinagh gys baafe.

Haualtagh gow my annym eifht,
As veih yn feihll jean mee chur lefh,
  Dy chur-my-ner dty oaie ,
Bee credjue call t ayns Shilley fooill,
As trefht ayns foylley dowin gloyroil,
  As cronney beayn dy ghraih.

                  HYMN

HYMN XXXIII.

USS Vriw flane fheelnaue,
  Ayns dt'enifh roifh dty var,
Lefh bog; ey, ny lefh cree er-creau,
  Bee ooilley ayns traa giare ;
Nvn anmeenyn kiartee,
  Dy chur dhyt hene meeteil,
As lhieen lefh jeeanid cooie dagh cree,
  As gleayfhee fhin dy phrayll :

Dy phrayll's d'arkiaght yn oor,
  Oor atchimagh gyn-yfs,
Ayns ooafhley coamrit, ard ayns pooar,
  Tra hig oo veih flaunyfs ,
(She ufs yn Briw cair,
  Dy vriwnys flane fheelnaue ·)
Marifh flane fhefhaght follys dt'ayr,
  As ooilley ooafhley niau.

Dy injillagh boggey'n ooir,
  Dy vifhagh'a gle Yee,
I hig da coraa'n ard-ainle dagh oor,
  'Ve feiyral ayns dagh cree,
Lefh eam geyre yn vean-oie,
  " Verriu, ta'n Briw er jeet,
" Trog-jee, ny whail nifh fhegin diu roie
  " Son dy ve briwnyffit."

Ayns biallys da'n Chiarn
  Lhi dooin nyn draa y cheau,
As farkia ht fon coraa yn chayrn,
  Tra hig eh neofe veih niau :

D

Dy vod mayd cofney bea,
Kiarail y ghoaill 'fy traa,
  Taftagh dy yannoo fhickyr jch
  Boayl fea, er fon dy bra.

HYMN XXXIV.

AS beem's gys briwnys currit lefh,
  Dy reggyrt neefht un laa,
Er fon dagh fmooinaghtyn neu-yefh,
  Dagh fockle ren mee ghra?

Bee ooilley fmooinaghtyn my chree,
  Soilfhit, ayns fhen dy bieau ·
As yioym's my chroney cair veih Jee,
  Son dagh nhee ren mee rieau.

Kys lhifir beaghey eifht dagh laa?
  Shen choud as ta mee bio .
tra fhegin dou coontey geyre chur da,
  Son flane my vea ayns fhoh.

Ufs vriw cariagh flane fheelnaue,
  Cur jeeanid dou dy phrayll,
Dy voddym veih dty ghoo goaill raaue,
  As kiart my vea leeideil.

My t'ou dty haffoo ec my chree,
  Lhig dou ve flane livreit
As ve nifh coardit rhyts my Yee,
  Roifh veem's gys briwnys eit.

Cur dou anfoor as tar my whail,
  As flane pardoon cur dou ;
Dy voddym's fhooyl lefh flane kiarail,
  As goll ayns fhee gys niau.

HYMN

H Y M N XXXV.

IRREE fhiu voidinyn,
    Dooifht marifh ny merriu,
  Creeney gys faualtys,
    Ooil ayns nyn fiyn gow fhiu;
Irree feofe ec eam y vean-oie,
Er-gerrey ta dooinney'n phoofee.

  T'eh cheet, t'eh cheet dy eam
    Afhoonyn gys e var,
  Gys gloyr dy hroggal feofe
    Ad ta aarloo fon gloyr;
Jeant aarloo er fon nyn leagh flane,
Lefh boggey dy veeteil nyn Jiarn.

  Gow meet eh ayns yn aer,
    Cheet ayns ny bodjallyn,
  Nyn garrey fon dy bragh,
    Nee cur lefh e nooghyn :
Dagh cree ta glen yiow myghin veih,
Dy bragh dy chur-my-ner e oaie.

  Shiuifh ta er gheddyn
    Yn ooillagh' ta veih heofe,
  As aynfyn er hannaght
    Ayns biallys da Creeft ;
Yeefey nee 'ghoaill fhiu huggey hene
Ayns gerjagh marifh e nooghyn.

  Gow boggey ayns treifhteil
    Jeh'n laa mooar ta gyn-yfs,
  Tra nee ooilley meeteil
    Dy haffoo roifh briwnys :

                         Dagh

Dagh cree ta glen nee geddyn ayrn
Jeh'n fhibber banfhey voifh y Chiarn.

Dorryffyn dy bragh beayn
    Nee goaill ny nooghyn ftiagh,
Erfkyn pooar ny ainleyn
    Ayns gloyr dy reill dy bragh ;
Foddey veih feihll peccoil as baafe,
Dy bragh ayns maynrys fhee as aafh.

HYMN XXXVI.

Er Niau,

'SY cheer dy vaynrys vooar ta heofe
 S Yiow nooghyn foylley beayn ,
Laa, fegooifh oie dy ghorraghys,
    As aafh afs rofhtyn pian.

Cha vaill dy bragh ny meffyn t'ayn ;
    Agh tannaghtyn gerjoil :
Gyn veg agh baafe, myr faarkey coon,
    Freayll fhin veih'n cheer ghloyroil.

Strooanyn dy vaynrys bra t'ayn gell,
    As magheryn aalin glafs ;
Myr CANAAN roifh cloan-ISRAEL ;
    Agh JORDAN freayll ad afs.

Agh boghtyn agglagh ceau yn traa,
    Rifh oirr y cheayn dooyteil ;
Keayney, as gofnaghey, as craa,
    Agglagh ny hrooid ventreil.
                F.   Oh !

Oh ! 'beagh ſhin abyl, dy chur er
   Ny dooytyn ſhoh goll voin,
'S yn CANAAN maynrey chur-my-ner,
   Gyn nhee dy lhiettal roin.

Myr MOSSES 'vaikagh ſhin y cheer,
   Cha baghtal roiſh nyn fooill ,
Cha voddagh baaſe, yn JORDAN feayr,
   Shin agglaghey er-ſooyl.

H Y M N XXXVII.

QUOI ad ſhoh ta cha gloyroil,
   Sollys myr y ghrian vunlaa ?
Adlyn ſneiſſeyrgys y ſtoyl,
   Jeu ta heoſe 'ſyn eiraght vra ?
Shoh ad ren er coontey Chreeſt
   Surranſe ſcaghyn, as tranlaaſe ;
Ren nyn mioys y chur ſheeſe ,
   Eiyrtyſſee da'n Eayn hur baaſe.

Magh aſs ſeaghyn mooar er heet,
   Coamrey gial ec dagh unnane,
As ayns fuill yn Eayn t'ad meet,
   Fuill ta niee myr ſniaghtey bane :
Ad ſhoh ſnieſſey gys y ſtoyl,
   Moylley Jee t'ad oie as laa ;
Maroo reill ta'n Jee gloyroil ·
   Son ta 'nooghyn taitnys da.

T'oc ny ſmoo na'n varriaght,
   Er dy chooilley noid, as baaſe ;
Rey riſh ſeaghyn ſon dy bragh,
   Seyr veih accrys as veih paays :

T'ad

T'ad afs rofhtyn gollyn cheh,
  As neu-hurranfach y ghiiin;
Cummal ayns y boayl dy fea,
  Reamyn gial dy hoilfhey beayn.

Efhyn t'er y ftoyl, nee eh
  Slane nyn vemeyn yannoo magh,
Cur daue d'ee jeh billey'n vea,
  D'iu jeh ftrooanyn cunyffagh,
Geiyrt nyn drimfhey flane er-fooyl,
  Boggey's gerja, h yiow ad veih,
Tra vees jeir glen't veih dagh fooill,
  As dagh annym lhieent lefh graih.

HYMN XXXVIII.

T'OU geamagh ny anmeenym paa;
  Oh! tar-jee gys ufhtey yn vea:
As credjal yn goo t'ou dy ghra,
  My annym ta cheet dy gl oaill jeh
O deayrt orrym neofe, jeh dty ghraih,
  Yn fpyrryd dy ghrayfe as dy phooar,
Dy voddym nifh fakin dty waie,
  As reefht cur-my-ner eh ayns gloyr.

Cur biallys da dty choraa,
  As cheet roym ec farey yn Chiarn,
Dy voddym lefh boggey un laa.
  'Syn eiraght dy ghloyr geddyn ayn;
Dy iu ftia, h yn eunys gerjoil,
  Dy hannà ht ayns bo gey as fhee,
Goit feofe ayns y diunid gloyroil,
  Ny myr ooilley callit ayns Jee.

F.2   HYMN

Oh ! 'bea h fhin abyl, dy chur er
 Ny dooytyn fhoh goll voin,
'S yn CANAAN maynrev chui-my-ner,
 Gyn nhee dy lhiettal ioin.

Myr MOSSES 'vuika h fh,n y cheer,
 Chi baghtal roilh nyn fooill ,
Chi vodda h baafe, yn JORDAN feayr,
 Shin agglaghey er-fooyl.

HYMN XXXVII.

QUOI ad fhoh ta cha loyroil,
 Sollys myr y ghrian vunlaa ?
Ad'yn fneiffey ys y ftoyl,
 Jeu ta heofe 'fyn enaght vra ?
Shoh ad ren er coontey hrecft
 Suryanfe fea hyn, as tranlaafe ,
Ren nyn mioys y chur fheefe ,
 Eiyrtyffee da'n Eayn hur baafe.

Magh afs fcaghyn mooai er heet,
 Coamrey gial ee da h unnane,
As ayns fuill yn Eayn t'ad meet,
 Fuill ta mee myr fnia htey bane :
Ad fhoh fnieffey gys y ftoyl,
 Moyhey Jee t'ad oie as laa ;
Maroo reill ta'n Jee gloyroil •
 Son ta 'noochyn taitnys da.

T'oe ny fmoo na'n varria ht,
 Er dy choolley noid, as baafe ;
Rey rilh fea hyn fon dy bra h,
 Seyr veih accrys as veih paays :

T'ad ıſs roſhtyn gollvn chch,
  As neu-hurranſa h y ghırın,
Cummıl ayns y hoıyl dy fcı,
  Rcamyn gıal dy hoılıhcy beayn.

Eıhvn t'er y ſtoyl, nec ch
  Shıne nyn vcmeyn vannoo mı h,
Cur daue d'ce ıeh bıllcv'n vea,
  D ıu ıeh ſhooanyn cunyſlı h,
Geıyrt nyn drımſhcy ſlıne er-fooyl,
  Bo gcy's gcrja h yıow ad veıh,
Tra vces ıcıı lcn t veıh aı h fooıll,
  As dagh annyın lhıcent lcſh gaıih.

H Y M N XXXVIII.

TOU gcamı h ny anmccnyın paa ;
  Oh ! tar-ıce gys uſhtcy yn vca :
As crcdjal yn goo t'ou dy ghra,
  Mv annym ta cheet dy gl oıll ıch .
O deayrt orrym ncofe. ıch dty ghraıh,
  Yn ſpyrrvd dy ghrayſc as dy phooar ;
Dy voddym nıſh fakın dty oaıc,
  As reeſht cur-my-ner cl. ayns gloyr.

Cur bıallys da dty choıaa,
  As cheet rovm ce faıcy yn Chıarn,
Dy voddym l ſh bo gcy un laa
  'Syn cırı, ht dy ghlovı ce kdvn ayn ;
Dy ıu ſtıa h yn cunys gcrjoıl,
  Dy hanna ht ayns bo gcy as ſhcc,
Goıt fcoſe ayns y dıan d gloyıoıl,
  Ny myr ooılley callıt ayns Jcc.

HYMN

H Y M N XXXIX.

O s'maynrey eh ta troailt gys niau !
  Kiarailyn feih ltagh fey r t'eh vouc,
   Veih aggle as imnea :
Gyn geill da fhen ta'n feihll fordrail,
Cha nallifh er yn ooir cumrail,
   Ayns fhoh fhe troailtagh eh

T'aym ayrn jeh'n vaynrys t echey fhen,
Sauit veih yn dooghys ta neu-ghlen,
   Graih'n feihll, va ayns my chree
Agh nifh cur maynrys feihltagh voym,
My annym feyr veih'n errey hrome,
   As fhirley grayfe veih Jee.

Reddyn jeh beaynid ta mee reih,
Maynrys t'afs rofhtyn lheid yn fleih
   Ta fon yn feihll fhoh paa
Reddyn ta'n thooill dy chur-my-ner,
Berchvs, as ooafhley, eunys ghiare,
   Ny fmoo cha niyrym da.

Cha vel aym cloan fon lhicttal dou,
Agh cloan as eira hyn jeh niau,
   Feer deyr t'ad da my chree :
Ny fhare na cloan yn feihll, t'ad fhoh,
Chiambyllyn reoht dv chlaghyn bio,
   Ta cowrit liorifh Jee.

Un thrie haix oin c a vel my chair,
Ny eiraght avns v coan dy yeir,
   Agh bo ht ti foaill jurnaa
'Fa feughey nifh veih toayl dy boayl,

Nj gennal taaghey noon as noal,
 Gys yioym my eiraght bra.

Nhee ayns y theihll cha vel mee gia
Dy ve lhiam pene, agh joaniee da,
 Treigeil y yiootyn fhare ,
Cur ooilley'n vaynrys t'ayn ergooyl,
As fhirrey cheer t'afs fhilley fooill,
 Yn cheer ta heofe 'fyn aer

Ayns fhen ta thie my chour ec Jee,
Ayn ta my verchys as my chree,
 Mv ynnyd veaghee bra ,
Son aym ta nooghyn bannit ficau,
As ainlyn cuirrey mee , dy bicau
 Tar royd ta Yeefey gra !

Hiarn ta mee cheet, ayns traa feer yiare,
Cheet dy veeteil o heofe 'fyn aer,
 Mayrt hene dy ve ec fhee !
Nifh cur dou kione er my yurnaa,
Haualta; h, as my charrey bra,
 Gow feofe mee hood my Yee.

H Y M N XL.

MAROO ta nifh ayns maynrys fthie;
 Lhig dooin cur gloyr da'n Eayn .
Ir fkianyn credjue, as dy ghraih,
 Goll feofe ;ys ;crjagh veayn.
Ayns fhoh, lhig nooghyn goaill arrane,
 Myi ad t'er-fooyl ;ys Jee,
Adfyn t'ayns niau as fhi yn unnane,
 Sharvaantyn da n un Ree.

Adfyn

Adſyn ta heoſe ayns gerja h bra
  As ſhi'yn ta ayns ſhoh waſs,
Shɛ myr un agɡliſh ta ſhin da,
  Ga ſcarʌt houſh baaſe .
Un ſheſhaght-cha-gee, ſo'n un Jee,
  Ta loobey da 'choraa ,
Ta paart er choſney roue ayns ſhee,
  Ta paart foaſt goaill jurnaa

Thouſaneyn, goll ɡys cronney bra,
  Eer niſh yn ſeihll ſaagail :
As ſhi'yn ta niſh feer fagəys da ,
  As baillin neeſht ɲaartail,
Sidjooryn Chreeſt ta foaſt 'ſyn eill,
  Agh farkiaght ſon y laa ,
Tra nee mayd heoſe ayns ſlaunys reill,
  Yn cheer dy gerjaɡh bra.

Ny ſhenn chumraa yn ain ayns Creeſi,
  Va marin roie tooilleil :
Baillin ad ſhen y akin reeſht,
  Ayns gloyr naɡh jean failleil
Trooid credjue joinal laue-ʌy-laue
  Maiiſh yn cheſhaght ſhen
T'er ɡoſney ſauehey ſeoſe ɡys uiau,
  Ayns fuill yn Eayn jeant ɡlen.

Nyn anmeenyn nee ayns traa giare,
  Jchn vayniys t'oc oaill ayrn ,
Leſh boɛ ev hee may Creeſt 'ſyn aer,
  Aɛ chmn mayd feiyr yn chayrn
O jɛ ſhin aaroo ſon y laa !
  Ellut eur yn fockle dooin .

D

Dy choaill fhin gys yn vaynrys bri,
  Ufs Jee dy ghloyr tar hooin.

HYMM XLI.

FEER vaynrey ta da h mac dy ghiny se,
  E pheccah t'er ny luh ,
"Yn seihll" t eh gra "cha vel boayl aash,"
  Ayns niau ta'n boayl t eh reih
Gs cheer dy ghloyr jeh n'aalid smoo,
  Trooid credjue roie e choorfe,
In cheer dy fea, taitnys dagh noo,
  Yn niau ta kiarit dooys.

She joarree ayns y theihll ta mee,
  Agh imlee goaill jurnaa :
Bo cy yn seihll cha gow my chiee,
  s le e a vod my chiaa ,
Ta tumfhey'n feihll dy lrah er-fooyl,
  Y vo gev neefht ca hlaa
Yn chloyr fhen huggey ta mee fhooyl,
  Te farra htyn dy bra

Gys yn Jerufalem ta heofe,
  Troarlt dy eijoil ta mee ,
Gi foaft 'fyn eill, my chiaih as tieifhe)
  Ayns fhen ta flane my chiee
Ayn ta'n faualta h graiha h aym,
  Ara-fa gyrt er my heu
Ta fheayley 'lauqyn mach dy lhean,
  Dy choaill mee fhia h gys niau.

Cre t'ayns y theihll nee mifh cumrail
  Veih gloyr as mayniys bra ?

Tra

Tra ta ny hainlyn cheet my whail;
   Tar-royd ta Yeefey gra,
Jean foddeaght fon braar er-bee,
   Yn ftreeu aym chur er gooyl ?
Cha jean, fon tra hem roym gys Jee,
   Cha vuirree ad my chooyl

Yn race nifh ta fhin roie dy jecan,
   Agh my yioym's roue er-fooyl,
Hig adfyn neefht gys maynrys beayn,
   As meet ir ayd er-y-chooyl:
Nifh ta fhin fon yn jerrey fieau,
   Agh my yiovm's roue gys Jee,
Gys flaunyfs lig ad feofe dy bicau,
   As gennal paagey mee.

Eifht lhig dou fiyragh cofney roym,
   Ayns maynrys beayn dy cheau;
Ayns niau, cha bee my chaarjyn voym,
   Agh foylley fhare yioym jeu:
Ayns fhen ry-cheilley lefh un chree,
   Jeh graih yn Chiarn gimraa;
As lefh un aig ney moylley Jee,
   Ayns maynrys ceau nyn draa.

Cre'n treifht gloyroil ta currit dou,
   Ayns fhoh nifh ceau my hraa.
T'aym ennaghtyn jeh pooar'yn niau,
   As farkiaght fon y laa.
T'aym enna htyn jeh'n irree-reefht,
   Bea follit marifh Jee:
As lefh yn ghloyr t'er eddin Chreeft,
   T'eh lhieeney flane my chree.

D

Dy bailt ny smoo dy ghrayse chur dou,
  As brishey'n thie dy chrea !
As goaill my annym seose gys niau,
  Gys Jee raad baillym ve :
Dy chur-my-ner yn Eayn hur baase,
  As cur ard-voylley da :
As goaill arrane jeh mooads e ghrayse,
  As shen er son dy bra.

HYMN XLII.

O Yee cur skianyn credjue dou
  Dy gholl erskyn yn aer ;
Dy chur my-ner cummaltee niau,
  Marish nyn garrey deyr.

Keayrt v'ad ayns shoh lesh creeghyn brisht,
  Goaill toshiaght 'sy raad cair ;
As gleck dy ureoi, myr ta shi'yn nish,
  Noi peccah as dangeyr.

Fenee kys 'hooar ad gys bea veayn,
  As maynrys nagh vel traih ?
As t'ad gansoor trooid fuill yn Eayn,
  T'er choyrt dooin wheesh dy ghraih.

Morish dy kinjagh geiyrt da Creest,
  V'ad niartal ayns e ghrayse :
As nish ayns gloyr t'ad er hoie sheese,
  Rish lhiattee'n Jee, hur baase.

HYMN XLIII.

AS lhig da'n corp shoh geddyn baase,
  As lhig da neesht goll mow,

G.   Veih

Veih feihll dy hrimfhey, as d'angaifh,
  Hig m'annym feofe gys niau
Eifht marifh nooghyn beem ec flice,
  Geddyn my chronney beayn,
Yn vaynrys t'ec ny flaunyffee,
  Ayns oghiifh yn 'Eayn.

Ayns treifht jeh crown nagh jean taille
  Dagh laa cur lefh yn chrofh,
Gennal ga feaghynyn meeteil,
  Goll trooid y feihll fhoh wafs :
Surranfe ayns fhoh my laghyn giare,
  Derrey hig traa'n livrey .
As Creeft dy niec er-fooyl my yeir,
  As goaill mee thie gys fea.

Cre ta my heaghyn as my ftreeu,
  My yioym void lheid y foayr,
Marifh ny flaunyffee ve feeu
  Ayns niau dy chur dhyt gloyr !
Cur boggey, trimfhey, aafh ny pian,
Gow bio's ny caarjyn neefht :
Agh ayns y laa dy vaynrys beayn
  Cur dou ad onilley reefht.

H Y M M XLIV.

LEEIDEILAGH anmeenyn crauee,
  Fer-coadee daue ta troailt gys niau,
Tar marin, eer marin fuirree,
  Nyn marrant ort ta fhin dy cheau,
She ort nyn fpyrryd ta goaill fea,
Choud's ta fhin wafs goaill ny nhurnaa.

Joarreeyn as troailtee ayns fhoh wafs,
                              T'au

T'ain fys nagh nee yn coir nyn moal,
Nifh ta fhin gymmyrkey nyn grofh,
  Gyn fea dt'akin dt'eddin ghloyroil;
Breau ta fhin roie gys cheer flaunyfs,
Nyn dhie dy bragh farraghtyn heofe.

Cha vel boayl fea ain ayns fhoh wafs,
  Agh ta fhin fhirrey boayl fyrjey,
Gys fhen ta fhin nifh roie nyn goorfe,
  Goll feofe gys cheer rda dy hoilfhey,
Jerufalem boayl fea nooghyn,
'T'ee troggit horifh yn Jee beayn.

Lefh meenid roie yn race cur'mit,
  Faagail cheu-chooylloo yn feihll fhoh,
Lefh niart dy niart ta fhin nifh troailt,
  Dy gheddyn Jerufalem noa,
Nyn laboragh's nyn ftreeu te fhoh,
Dy gheddyn Jerufalem noa.

Eer nifh t'ain tafte jeh'n eunys t'ayn,
  T'eh deayrtey neofe ayns fraffyn nifh,
Veih niau my helliu ta cheet hym,
  Ny s'miljey te ny dagh nhee wafs,
Veih Sion heofe ta'n gheay fheidey
Ta gerjagh fhin 'fy choan dy chray.

Troggit lefh pooar dty ghrah flaunyfs,
  Dy ghoaill nyn raad lefh niart as bree,
Dy yoinal gys yn chied agglifh,
  Nifh ta fhin troailt gys flieau nyn Yee
Lefh boggey troggil feofe nyn ghing,
Goll dy veetil yn captan ain.

G 2   HYMN

HYMN XLV.

Er Niurin.

TE atchim dou dy fmooinaghtyn,
   Er annym obbys grayfe ,
Cre'n trimfhey nec eh gennaghtyn,
   Ny ihie er 'lhiabbee vaaifh !

E chorp lane pianyn as angaifh,
   E ennal gaafe ny fkiare :
As chea er-fooyl lefh accan baaifh,
   E hengey fegooifh glare.

Myr t'eh goll roifh er broogh yn ooir,
   Ta'n annym lhiaftey fhooyl :
Derrey ta'n baafe myr thooilley vooar,
   Cur lefh yn dreih er-fooyl.

Eifht chion as agglagh, t'eh goll fheefe
   Gys aile er fon dy bra !
Fud Jouill, as yn chloan challit neefht,
   Yn fpyrryd agglagh craa !

Shen raad ta fhefhaght treih dy liooar,
   Lane dood mygeayrt-y-moo,
T'ad geam ec furranfe pianyn mooar,
   Agh fieau fon torchagh fmoo.

As ga dy vel nyn bianyn whcefh,
   Cha vou'ad daue pardoon ,
As myghin Yee cha gow erreeifh,
   Jeh'n accan hrin fhagh t'ayn.

O myghin vooar nagh yiare mee fheefe,
   Nagh cheau mee gys toyrt mow !

Roifh hooar mee tufhtey cooie jeh Creeft,
E ghrath neefht foilfhit dou.

HYMN XLVI.

Er Arrys.

USS Ayr dy hoilfhey, afs dty ftoyr
 T'ou lttency femeyn dagh cretoor ;
Son eeanlee ta my eayrt rouail,
T'ou ayns dty vieys vooar kiarail :
Hood ta mifh jeeaghin ; giall dou pooar
Dy phrayll, as eifht cur dou anfoor.

Neayr ta dty hoilfhey jeeaghin dooys,
Dy vel mee boight, as treih dt'egooifh :
My chree t'ou coyrt flane taftey da,
As lhiettal mee veih olk y ghra,
T'ou toiggal neefht cre ta mee feme,
Roifh ta mee hood ayns padjer geam.

Shione dhyt my aigney ghooghyffagh,
Annoon, as doal, mee-viallagh,
As cre'n vee-reiltys t'er cheu-ftie,
Gaftey gys olk, agh dree gys mie :
My fmooinaghtyn, rouail cha keoie,
Gyn fmaght voifh aggle, ny voifh graih.

Ah ! cur dou Hiarn, yn tufhtey cair,
Jeh flane my hreihys, as dangeyr ;
Dy voddym lefh cree imlee brifht,
My ftayd peccoil, dy flane goaill-rifh ;
As gyn ve lhiaftey, ny failleil.
Agh lefh dy chooilley ennal prayll.

HYNN

HYMN XLVII.

O cooin lhiam nifh my Yee,
  Dagh olk dy fcarrey rifh,
As ayns dty cnifh, cheet lefh cree
  Ta imlee, meen, as brifht.

Cree laadit lefh imnea
  Son coriee chur er Jee ;
Cree lane dy heaehyn, derrey t'eh
  Ec tea ayns fuill mac Yee.

Yeefey, jean tufhtagh jeem,
  Cre wheefh my loghtyn dt'oi,
Lefh trimfhey crauee m'annym lhieen,
  Lhig jeir dy arrys roie.

My chree ta creoi, cur er
  Dy veelagh' lefh dty ghraih ;
O cur er thinnue, myr y chere,
  Lefh bree yn aile ta lheie !

HYMN XLVIII.

TAR ooilley-niartal Hiarn ghrayfon,
  Dty phooar jean hoilfhagh magh ?
As bwoaill lefh oayrd dty ghoo breeoil,
  As brifh ny creeghyn clagh.

Gur dooin dy cheayney nifh ayns traa,
  Son ommijys nyn gree ;
As veih dy chooilley olk chyndaa,
  As chyndaa thie gys.

Cur toiggal dooin, nyn ftayd cre te :
  - Tufhtey jeh'n Jee dy ghraih :

As cur dooin arrys niſh gys bea,
  As jean nyn beccah 'leih.

Niſh ayns mee-credjue gow uſs ſhin,
  Eiſht naſtee fcayſhil Yee ,
Leſh trimſhey dowin nyn annym lhieen,
  As eiſht leſh graih as ſhee:

Jeeagh dooin dy vel ſhin peccee voght ,
  As jean uſs berchagh ſhin :
Cur ennaght jeh angaiſh nyn loght,
  As ſlaanee'n annym ching.

Cur trimſhey crauee ayns nyn gree,
  Son loght nyn mea ta wheeſh :
Dy vod mayd ſlane ve er ny niee
  Ayns fuill deyr Yeeſey Creeſt.

Jeeagh dooin nyn beccaghyn ta wheeſh,
  As gow yn laad ock j'in
Jean glen as caſherick, ſhin neeſht,
  Eiſht gow ſhin feoſe hood hene.

H Y M N   XLIX.

VEIH'N diunid ta mee geam
  Dy imlee gys my Yee ,
Hiarn claſht riſh m'accan ta ayns feme,
  As cur anſoor dy hee.

My ne'oo goaill coontey geyre,
  O quoi ver dhyt meeteil ?
Agh t'ou pardoohey dagh aggair !
  Daue nagh jean mee-hreiſhteil.

My

My annym farkiaght meen,
   Son dr'enifh, O my Hiarn!
My hreifht ta ayns dty yialdyn hene,
   Goo vees dy bragh er mayrn.

She jeeaghyn hood ta mee,
   Derrey ne'oo hym chyndaa;
Myr arreyder yn voghrey,
   Ta fieau fon brifhey'n laa.

Lhig ISRAEL nifh treifhteil
   Ayns diunid myghin Yee:
T'eh ftoyr gyn grunt, nagh jean faillei,
   T'ayn fauchys beayn as fhee.

E vyghin ta cha feoilt,
   Ayns feaghyn cur livrey,
Farrane ta flaanagh' fhin, as coyrt
   Nyn voiljyn foddey jeh.

H Y M N L.

SHE mifh ta dy mie abyl ginfh
   Jeh feaghyn as trimfhey my chree;
M'angaifh, as my accan ta wheefh,
   Choud fhirrey as fieau fon my Yee;
Ny nooghyn ta abyl lhic fheefe,
   Dy maynrey cur fhiaghey nyn draa:
Agh derrey yioym's cnnaght jeh Creeft,
   Nee'm keayney 'fyn oie as 'fy laa.

Ny fleaie, my ta fhefhaght ayn dou,
   Myr ta mifh ta er my hreigeil,
As maryms nee jecaghyn gys niau;
   As fud ny hoie tannaghtyn prayll,

Myr

Myr arreyder fieau fon y laa,
  Still jeeaghyn fon aalid e oaie ;
Gys nee eh ayns myghin chyndaa,
  Ayns foaddeeaght, fieau fon e ghraih.

Son keyrt ren e vyghin cheet hooin,
  Saualtys veih dooghys peccoil !
Va Yeefey, IMMANUEL dooin !
  Cur ayrn dooin 'fyn eiraght ghrayfoil,
A_h s'leah ta nyn ftayd er cha_hlaa,
  Ta'n fpyrryd er ctla_h er-fooyl !
Ta n oie ain, ayns vnnyd yn laa,
  As nifh lefh angaifh ta fhin fhooyl,

Cre nee mayd dy chofney dty ghrayfe,
  Yn ghraih va ain keayrt ayns nyn gree?
Ny baare veagh y dooin geddyn baafe,
  Ny beaghey gyn ainjys er Jee !
L_fh fea hyn dy kinjigh dooytal,
  Lefh atchim, an nifh, as unnea.
Myge vyit yn ird-valey tooilleil,
  Ir derrey ver Yeefey dooin fea.

Slunifh arreyderyn diu fhiver mayd raaue,
  My nee fhiu yn rauh in ve t_o',
(Ta foddey s' loyroil ny fheclnid_ !)
  As fha'yn cvs nyn girrey le ideil,
Dy voddagh fhin tikin e oaie,
  Dy feaghey nyn feighyn ta whefh ;
Son da ta fhin boon h cur grath,
  O cooin nee mayd geddyn eh reefht ?

                        H.   HYMN

HYMN LI.

O Son cree brisht as ammyssagh,
  Ei-gerrey dhyt dy hayrr,
Goaill-rish dy vel oo firrinagh·
  As craa ee goo yn Chiarn.

O Son cree imlee arryssagh,
  Ta cur er jeir dy roie ,
Nagh jean ny sodjey shassoo magh,
  Noi ayds, ta abyl stroie.

Yn trimshey crauee (Hiarn ghrayfou,
  Jean gobbragh' ayns my chree ;
Feanish dy bee oo dou chymmoil,
  As dy voym baase ayns shee.

My jean y laa dy heaghyn cheet,
  Ne'oo mish y seughey veih
My spyrryd marish noo-hyn freilt
  My challin ayns yn oaye.

HYMN LII.

O Cooinee orrym us hur baase,
  Cha vod oo hene dy bragh jarrood
Dty ollish foalley as angaish,
  Ny pianyn sharroo, hie-oo trooid.

Dy jeean ayns padjer laboragh,
  Yn spyrryd laadit coayl e vree ·
Son feill cha voddagh shassoo magh
  Roish corree n ooilley-niartal Ree

My Ayr, my ta mee nish lhiat hene,
  Cur clashtyn da my accan faase .

As gow yn laad dy pheccah jeem ;
  Nagh beem fo deyrey geddyn baafe.

She fhoh ta oyr lane aggle dooys,
  As landey fheefe my annym treih,
Aggle dy fur-ym's dty yimmoofe,
  Choud as vees eafhyn beayn dy roie.

Ayns padjer ta mee hood chyndaa,
  Aggle y vaaifh gow flane er-fooyl,
Baafe ta cheet ba,gyrt lefh e ghah,
  As murin agglagh cheet ny chooyl.

Agh Hiarn nagh, jean ufs m'y aagail,
  Dy huittym void fo deyrey beayn·
Agh trooid dty vac jean m'y hauail,
  Quoi er my hon hur wheefh dy phian.

HYMN LIII.

O Te dy hooar ! my Yee ghrayfoil,
  Nagh lhig dou fkirraghtyn my fmoo
Gyn arragh ftampey er dty uill,
  ·s gyn ny fodjey brafnagh'oo,
As gyn ny fodjey girree magh,
Noi graih, as foilfhey flaunyffagh.

My t'ou dy jarroo flane chymmoil,
  Hiarn foilfhee nifh dty graih as fhee ;
Ler dooys jch peccee,n fer s'peccoil,
  Ta imlee fon dty vyghin guee ,
Gys foar yn Ayr jean m'y chaghlaa,
Gyn arragh brafnagh'oo dy bra.

Farrane dy ghraih nagh jean coll mow,
  My accan faafe jean foiagh'jch ,
My

My charrey dooie, ta heofe ayns niau,
  O nifh' jean fhafloo afs my leih,
Cur arrys, credjue, as pardoon,
As jean mee flane lhiat hene traa t'ayn

HYMN LIV.

O YEE, clafht rifh my accan treih
  Ta flane my oiljyn roifh dty one'
Nagh bec rhym geyre, O jeeagh dou foan
As doll my loghtyn afs dty lioar

  Cha vel my oiljyn, ga t'ad wheefh,
Frfkyn dty ghrayfe as dty errcеifh,
Da peceе voghtev t'ou chymmo
O foic jch m'arrys, Yee ghrayfoil'

  O niee my annym veih dagh broid
Jean my choinfhcanfe y glennev royd
Ta errey m'oiljyn guin my chree,
Ta'n choomight oc goaill voym my hee

  My veeal lefh nearcy ta goaill roo,
Ta'd noi dty ghrayfe, t'ad noi dty ghее
Dy luilt 'chur oirym briwnys geyre,
Veagh deyrey cair dou, t'ou ufs clеei

  Ga mennick er uty vraflnagh Hian,
Nagh jean dty fpviryd voym y hayın,
Agh orrvms foillhee dty circeifh,
As cur dou ayın ayns toilchin Chreeft

  Nee m cynta h eifht dty raad dyn fii
Nee feeree chionney vs dty chiuh,
Nee'm ad leeidcil gvs funl y chee,
Yiow moulley fon dev ghiayfe mv Y

                                HYM

HYMN LV.

Shirrey son Jee.

O nish dy voddin geddyn Creest,
  Son aym ren niau aagail !
As ren e vioys deyr chovrt sheese,
  My annym dy hvuail !

O nish dy voddin geddyn eh,
  My yeearree as kiarail !
Maynrey ayns Creest leeideil my vea,
  As ayns e ghraih paartail !

Trooid myghin shickeree dou dty hee,
  As freill mee lesh dty phooar
Nagh jeanym airagh brafnagh Jee.
  Agh veih dagh peccah fcuir.

Jean, my te dt eigney bannit nish,
  My pheccaghyn y stroie,
Ec reamys flane, jean foiagh' mish,
  Lesh berriaght dty ghraih.

Tar Hiarn, as gow mee stiagh gys foiyr,
  Aniooi my accun jeean,
As maiifh eu whyn dty ghloyr,
  O cur dou cronney beiyn !

HYMN LVI.

O fuiree marvm fpyiryd mie,
  Ga er dy vrainagh choud dy hiar,
Nagh jean my yiooldey voih dty ghraih,
  As mee aagail ci fon dy bra.

Lesh

Lefh cree mee-viallagh as creoi ;
 Ga choud er n'obbal dy hyndaa,
Geiyrt oo er-fooyl, as fhaffoo dt'oi,
 As fhen fon bleeantyn liauyr dy hraa.

Ny-yeih, gow rifh yn peccagh fmoo,
 Ny hrooid t'er hurranfe afs my lieh,
Ayns chiafs dty chorree nagh jean loo,
 Nagh jig my annym ftiagh ayns fea.

Son fhoh ta mee dy imlee piayll,
 Nagh faag ufs mee ayns ftayd cha truh
Nagh jean my annym y hreigeil,
 Gennifh as follym jeh dty ghraih.

Jean gerjagh nifh my annym fkee,
 As jean dty laue hym heeyney magh,
Cur dou dty vlafhtyn er dty hee,
 'Syn eirnght vaynrey leeid mee ftiagh.

H Y M M   LVII.

O Yee jean fheeyney magh dty laue,
 Ta'n obbyr feeu jeed Yee phrayfoil,
Jeeagh ee dty chaffyn ! jeh fheelnaue
 Yn fer s'neu-feeu, as fmoo peccoil.
Agh my hin foilfhee doeys ny-yeih,
Yn cowrey yndyffagh dy ghraih.

My nee oo igh yn fockle ghra,
 Te aafhagh dhyt dy vannoo fhen,
Crickan yn Et. iop cleehlaa,
 Mifh veih mee-chiauceaght jeant glen
Beem byl efht lefh boggey ginfh,
Yn yndys jeant troold er rym Chreeft

L 4

Lefh boggey eifht dhvts verym's booife,
  Ayns firrinys nec'm 'voyiley oo,
Rugvit jeh Jee, dty ghraih nec'm ginfh,
  Cha jeanym peccah eifht ny finoo·
Goaill ayrn jeh'n doo hys flaunyffagh,
Nee m mefs gys lhieeney vie chur magh.

HYMN LVII.

O quoi yn peccah boght t'er creau,
  Goaill-rifh tort-mow dy ve e chin,
Er fon y cronney ag lh h ficau,
  Myr cro hey harrifh becal dangeyr!

Hood s nnyrn feaghnit dy row fhee,
  Yecfey t er ghraldvn cur dhvt aaih'
Ynrican cred ayns full mic Yee,
  Hur banfe, dy livrey ufs veih banfe

HYMN LIX.

USS Jee t' ifkyn yn rofhtyn aym,
  Yn Jee ta tollagh oo hene voym,
My fpyrryd deyrit hood ta geam,
  Foddey er-fhi hryn vi n holl roym :
My ftayd peccoil, cur taftey da,
Gicarree dy voddin hood chyndaa.

  Cur fkell dy hoilfhey follys neofe,
Dy a gle imlee, as treifhtcil
  Ver lefh mee trooid y dorraghys,
Nee gerja h mee ayns mee-hr ifhtil :
  Gys ne'oo'n vec chredjue aym y ftroie,
As foilfh igh dou flanc gloyr dty ghrath

Ga foaſt t'ou follagh' voym dty oaie,
     s dt'eniſh choud voym neeſht cumrail
Leſh ſlane my chree goym riſh ny-yeih,
    Dy vel oain Jee ſhen ta ſauail,
Ga uſs chi voddyms chur-my-ner,
Agh t'ou uis dooys coyrt taſtey gevre

T'ou my kaualtagh, nee'm y ghra,
    Ga foaſt nagh vel oo ſoilſhit dou,
Dty laue nee m, hlovraghey, quoi ta
    Gobbragh' martal er my cheu
Soilſhee oo hene, niſh ayns my chree,
Dy bragh, as ſon dy bragh, my Yee

H Y M N LX

HOODS Yeeſev eirrey'n peceagh trih,
    Ta m'annym rooiſht ſon tiſtee ron,
Ichn ſeihll, as peerah ta mee ſlee,
Gow ſtiagh eys toayr, as gerjagh mee

    Leſh peccah ta my annym ching,
A h'jean uſs chymmey y ghoaill jeem,
Ta faait mooie fo deyicy baaiſh,
Gys ne'oo ſauail mee horiſh grayſe.

    Uſs ſlunent yn ven, ſlane niatal t'ou,
Tar as jean broo kione yn ard nieu,
As jean oy chooilley no dy frioie,
Ta ayns my annym girree dt'oi.

    Agh lean my chree's dy ſlane oi drail,
Er ſon dty hiamble hene chiarail!
Gow n reiltys ayn, as magh aſs ſhen,
Jean cur er-ſooyl dagh nhee neu-ghlen,

Son ta mee eig'nit dy ghoaill-rish.
Dy re oo hene, sheign glenney mish ;
Soose hood nee'm cur dy chooilley nhee
Ta lheid yn obbyr feeu jeh Jee.

Cre nee'm dy bee oo dou foayroil ?
T'ou graih, agh ta mish slane peccoil.
Er-lhimmey shoh, cha vel aym saase ,
Devit, agh hur oo son aym baase.

H Y M N LXI.

FSH gloyr combaasit erskyn insh,
Ta Yeesey reill ayns niau,
As yioym un shilley cisht jeh Creest ?
Vod Jee ve soilshit dou ?

Jin eh saagail eh eirught vie,
As soilshagh dooys e hee !
Dooinney dy hrimshey as dy ghraih,
Aasoor nish ys my chree !

Cur dooys yn ghraih nee soilshagh dou,
Cre hur oo er my hon,
Cre'n oyr dy daink oo neose veih niau,
Dty uill ve roie cha choin?

Nagh daink oo gys yn seihll veih niau,
Hur oo er CALVARY,
Dy vodda h Creest ve soilshit dou,
As enn vaym ort my Yee ?

Jar cisht, as sonhee da my chree,
Yrjid as lheead dty ghraih,
Shottyn 'hen ta slaanagh mee,
Ny cronyn v'er dty oaie.

I.   Tar

Tar as jean fhiffoo roifh my hooill
  Myr Eiyn veagh turranfe baafe ;
Soil mee'fy ghairnad dhaa't lefh fuill,
  As foilfhee dou dry fhrayfe.

Jehovah foilfhee dou dtv p'ooar,
  Jehovah furranfe'pian ;
Eifht fhione d'u Jee lefh bog.ey mooar,
  As ennym fuill yn Eayn.

HYMN LXII.

T'OU ard erfkyn my rofhtyn Yee,
  Dtv ghraih dy dooie t'er choadey me
    Neavr va mee oikan faafe ,
Nifh ei my annym jean foilfhean,
Infh dou my hug mee rieau ort enn,
    Ny feyrit, liorifh grayfe.

Mannagh row aym agh aggle 'Ʒe,
As ve er neiyrt lefh jeeanid cree,
    Er tayrnyn cheet veih niau ,
Nifh, lhig da'n bannaght fod ey cheet,
As foilfhee da my annym niect,
    Yn ghraih t'ou er choyrt dou.

Fegooifh dry ghraih cha jeanym mie,
Gyn feanifh firrinagh cheu fhie,
    Dy vel my loght leiht dou ,
Cha baillym m'annym 've ayns dooyt,
Dy veas hey foilvm gyn yn ioot,
    Yn ecailys fhen jeh niau.

Dy beagh yn fpyrryd ayns my chree
Nagh beagh eh fcanifh dou jeh Jee.
   Rhym coardit trooid e vac?
Ich creajue cheet, erperrey da,
As "Abba Ayr' dy dunnal gra,
   "T'aym fys dy vel mee lhiat."

Nagh lhig dou cifht cumrail my Hiarn,
Derrey ayns Creeft nee'm geddyn ayrn,
   As beaghey er dty ghoan,
Neu fccu jeh'n vrooillagh huittagh fheefe,
Agh troggit liorifh furranfe Chreeft,
   Dy ce jeh beaghey n chloan.

Cre ta cumrail dty ghraih my Yee?
My chairys hene ny peccah'r bee,
   Ta kinjagh fhaffoo roym
Lhig da my chree ta creoi ve brifht,
Livrey mee veih my phcccah nifh,
   As gow ad ooilley voym

HYMM LXIII.

JEAGH neofe ayns myghin Yee ghrayfoil
  Gow chymmey jeem erctoor peccoil,
   Void's Yeefey cha jem roym,
Derrey nee oo clafhtyn my chorra,
Gys nee'oo my chree ta creoi chaghlaa,
   s goaill mcc-chredjue voym.

Derrey nee'oo goaill yn laad fhoh jeem,
Gtam fon dty ghraih dy kinja,h veem,
   O clafht rifh m'accan fnafe.
Begooifh dty ghrah, dy leah hem mow,

Lisht charrev peccee foilshee dou
   Dty ghiaih, n egooilh yioym baase,

-T'ou flane my heaghvn cur-my-ner,
My hooillyn kys t'ad shilley jeir,
   As laboragh my chree ,
Chi lhiafs dou foilfha h dhyt my ftavd,
Cre'n oyr na h vodd m, ta fys ayd,
   Ve graih gh ort my Yee.

Hiirn eys yn obbyi cur dtv laue,
Cooin lhiam dy yccachyn feofe gys niau,
   As ort mv vairint lhie ,
My flane tiu'hteil chur ort dagh traa,
As rhyts ta fanail peccee ra,
   Jean myi t'ou fakin mie

H Y M N   LXIV.

YEESEY, cur geill vaih niau
  Da eean dty chi tooi
Soilfc oo hene nih c cy dou,
  Tieg me cifl y a cou,
Ven pec oh jem n loyr,
  As gow du h a hin jeem ,
As es mee fin h vs foir yn ayr,
  As gys yn fhee yd hene

Dtv uil' is carvs, ti
  My uonean freil'ted
My hee ont un is foa le bra,
  Ti v ets d kinyagh eil,
As myn jel alhtey n ver,

Roie voill uty vieys doo,
As adfyn fhione dty ghraih ere te,
T oc avin jeh boggey niau.

Tir, foilihee er cheu-fthie,
Dty chairys, a ns my chree,
Dy voddym bluhryn ere cha mie,
Cre cha graviouls tn Jee,
Dy voddym foilihaih mih,
Yn phooar ayd dy hauul
Svr houih e edjue immeeagut:
'Sv chredjue fhen paartail

HYMN LXV.

YFESEY, mv chaicy fon dy braih,
Cheet perit ort nih dy ghoaill jecd
braht,
Caomihium dy freen dy jeein,
Lefh aanys eravee 'haeen mv chree,
Lefh eredjue dy choaill ene er Jee,
Uis tr mv chnarey leivn

Dty chree chymmoil, is eiaihigh Hiarn,
Tiayns y feahyn iym oaill ayin,
'S or my yeir chymmoil,
Mv ofmr hyn tr mery ghey Jee,
Ta nfh lefh lheid y jee nid juee,
My phadjer flane bieboil

Cur dooys dty ghiayfe dty chiaih cur dou,
Dty fpirryd een er my cheu,
As ihen tou cur-my-ner
T ch e envey lefh m annoomid vooar,

As

As gaccan er my hon lefh rooar,
  Ta foddey erfhyn glare.

Hiarn jean dty fpyrryd y chooilleen,
As foilfhee dou dty ghooghys hene,
  Dty ennym graihagh Yee:
Myr ta dty ennym fhen myr t'ou,
Soilfhee yn dooghys mie ayd dou,
  As fcrieu eh er my chree.

Tar neofe, foilfhee dty ennym dou,
Yn Chiain jeh fhefhaght-chaggce niau,
  Yn Chiarn fmoo graihagh oo.
Dy vyghin vooar cha jean failleil,
Yn Jee nagh vel dy bragh treigeil
  E yialdyn as e ghoo.

T'eh mooar ayns grayfe as aigney mic,
Baillifh fheelnaue dy hyndaa thic,
  Goaill arrys, bea y reih:
T'eh booiagh goaill dagh annym boght,
Mee-chairys, peccaghyn, as loght,
  Dy arryltagh y leih.

Myghin t'eh freayll cour ymmodee,
Yn cheyrrey chail't, t'eh fhirrey ee,
  Yn fhaghrynagh chyndaa:
T'eh booiagh oaill dagh annym nifh,
Tar Hiarn dy bieau as chaggle mifh,
  Tar my haualtagh bra.

Gow mee rys ea ty phobble hene,
Marifh dagh bannaght ta mee feme,
  Cur dou my un chiarail

Dy

D gheddyn fo er fane my hreifht,
Abb r rhym oll dy fvra h fcofe,
    Er dt oghrifh paartail.

H Y M N LXVI.

MARROO ayns peceah ceau my hraa,
    Gow chymmey jeem my Yee,
As lhig dou claihtyn dry choraa,
    Dy vod e boighey mee

Lefh do han eajee feer feohdoil
    My annym bo ht ta lane ,
Ayns graih t'ou fakin feer chymmoil,
    O jean mee 'yannoo flane

Choud as ta fayntyn ayns my chree,
    As movrn lane feaghyn dou ,
Loayr Vac yn ooilley-niartal Jee,
    As cur ad ooilley mow.

Lhig da dagh noid cur bhallys,
    Roifh ennym Yeefey roie ,
Coodit lefh garmad d'vnrickys,
    Nee'm ee dtv chaffyn foie.

Annoon, as balloo, doal, as houyr,
    As chin ta m'annym neefht ,
Agh fhickyr nifh dy gheddyn couyr,
    Ayns ennym Yeefey Creeft.

Dty vieys Hiarn, cha vel chghlaa,
    Eer doois dy ha htal hee'm ,
O lhieen yn fpyrryd avm ta p.a,
    As brifh dagh geulty jeam.

My

My t'ou uss da my annym deyr,
  Ta aym dy chooilley nhee ,
Son my nee n Mac mee' yn noo feyr,
Leem feyr ayns fenifh Yee.

Gys veem's veih pccceh er my niee,
  Cha jeanyms Huun cumrail ,
Agh trooid, ayd ta mee cheet ays Jee,
  Ta fondagh dy hauail

Veih pooar dagh peccah ne oo fauail;
  Veih loght is dooghys neefht ,
Cha bee yn credjue aym fardail,
  Agh beem joint flaane trooid Creefs

Mar fh dagh roo ayns foilfhey dt oaie,
  Nee'm fnoovl ayns garmad banc
As toiggal cre ta moeeds dty ghraih,
  Son lefh dty ghraih, beem lane

HYMN LXVII.

Slafht iifh my eam, my Yee, my Yee
  Oit haillym nifh cur eon ,
Ayns fuill yn Eayn jean milh y niee,
  Dy voddym nifh ve glen

Lhiedich mee-chairys yoym ve fear t,
  O tai as flynce mee ,
Gyr ayrn ny cairys ta mee mayrt,
  Fegooifh ve er my niee.

Agh tou uss hanrah ecaidt rhym,
  Amoor, my t'ou my Yee!

Grah

Crih villish niau O nish tar hym
  Dy herja hey my chree

Insh dou dy vel mee coardit rhyt,
  As gerjee'n peccagh treih,
Son ta'n flane lhiasagh ceckit dhyt,
  My Ayr crayfoil, jean leih.

Son aym, va Yeefev er ny choyrt
  Dy baafe, er CALVARY :
Son aym ta 'uill dy pooaral loayrt,
  Yn uill ta feyrey mee

O lhig dou blashtyn flane yn foays,
  Ta ayns dty chruh my Yee,
Furkey dy ruh ta erfkyn towfe,
  Dyn oiri ny kione erbee !

Tra ta my annym imlee hiort,
  Feei injil bailliym cheet,
Cien a ht his peec h boght kionoyrt
  Rifh Jee cha cfhehck ?

Ginjil'agh mee hene avns joan as leoie,
  Ee fakin ufs my Yee,
As booiagh, ufs, t ayns gloyr dy hoie,
  Ve Chiarn erfkyn dagh nhee.

HYMN LXVIII.

SKEE jeh rouail choud voids my Yee,
  As booiagh nifh yn olk hreigeil,
Jlood ta mee loobey fheefe my chree :
  Keayney fon ayd, agh ayns treifhteil ;

K.   T'aym

T'aym fer ta carrey graihagh dou,
Ta kinjagh loayrt son aym ayns niau

Yeesey, ta dt' ynrickys as graih,
Ny smoo na ta my pheccaghyn,
Keayrt elley ta mee shiricy dt' oue,
Gow stiagh mee ayns dty roin hyn,
My skyrraghtyn, O flaance nish,
Soilshee dty ghraih da m'annym recht

T'ou abyl Hiarn, mee cur lesh thie,
My spyiryd feaoh'nit hood hyndaa,
O son dy ynrickys as graih!
Leih dou, as freill mee son dy bra.
Jean flaanagh traartys m annym, Yee,
Jean thie dy ghadjer jeh my chree

Hiarn, gow er sooyl yn cree peecoil,
My pheccn hyn as flane m angail!
As mee my annym ayns dty uili,
s lhieen mee lesh dty hraih ayns hau
Cachlaa my chree mee-viallgh,
Jeant ais-y-noa flane firrinagh.

Cur da my hooillyn jeu gherjoil,
Trimshey son correc chur er Jee,
Lhieen n cc lesh a gleyn grayfoil,
Gys dty whing nashagh loob my cnree
Cur na ardey aynym lesh dty hrayse,
Dy chooilley chreoghys, as tranlaas

HYMN LXIX.

O S'MILLISH t'ou ghraih flauny sagh
Cuin vees my chree ta arryltagh
Goit

Goit feofe lefh fhen ny t'ou :
  A'in io i, as geddyn baate lefh paa's,
D. h oi t al m o ids dty ghraih ayns baafe,
  Yn hraih hu, Yeefey dou!

E ghraih ny ftrofhey ta ny'n baafe ;
  Diunid dy verchys nagh vel faife
Ec n Ard-ainlyn beayn,
  Dy ronfag i' follaght ta wheefh ;
Lhiurid, as lhead, as diunid neefht,
  Graih yindyfagh yn Eayn !

Le Jee ta fys er graih deyr Yee,
  O jean y fheayley eh ayns my chree,
As reill mee flane cheu-fhie !
  Er fon dty ghraih ta m'annym paa,
O Hiain, jean clafhtyn my choraa !
  Cur dooys yn cronaey mie !

Dy voddin crommey eh injil fheefe,
  Myr Moirrey foie ec caflyn Chreeft ;
Ayns fhen dy cheau my hraa !
  As fhoh dy ve flane gerja h dou,
Dy ve my vaynrys, as my niau,
  Dy chlafhtyn dty choraa

Myr dt'oftyl Ean dy voddin nifh
  Crommey my chione er dt'oghrifh,
Son ta mee fkee my Hiarn !
  Veih peccah's feaghyn ve ec fhee,
As geddyn ayns y Chiain my Yee,
  Yn fea dy bragh er mayrn.

HYMN

HYMN LXX.

LHIG da'n feihll nyn gairys reih,
Dy loayrt jeh feniſh Yee
Ta miſh pecca h boght as treih,
She grayſe ta feyrey mee·
Arragh cha vel aym dy ghra,
Shoh ta dooys erſkyn dagh faaſe,
Miſh yn ard drogh-yantagh ta,
Agh Creeſt hur ſon aym baaſe.

S mynney ad ta n ſhee oc ioie
Myi awin dy chooilley hraa,
Creeſt er fon nyn ronney reih,
As cui yn moylley di.
Lhi daue nynſyn ve geiyril,
Kinja h tannaghtyn ee aaſh,
Miſh jeh peccee n fer speccoil,
gh Creeſt hur ſon aym baaſe.

Miſh mvr loimrey GIDION
Ta churym, figooiſh drui ht,
Choſd's te miiller neoſe dy chion,
As er da h cheu jeem fluch
Foiſt cha voddym eddyn foill
Di'n Chiain, ta naſtee coyrt e ghrayie,
Miſh jeh peccee n fer s,peccoil,
Agh Creeſt hur ſon aym baaſe.

Nee ch miſh y hro al ſcoſe,
Ti ſhirrey cooney veih
As chi dervm's voym my hreiſht,
Ga ti mee moal as treih.

Hii

Hurn jean fordey'n aile breeoil,
  Ayns my chree, ta geam fon grayfe,
Moh jeh peccee'n fer f,peccoil
  agh Creeft hur fon aym biafe.

Li n y hon hur ch in pian!
  As nee ch mifh livrey,
As nee'in gennaght fuill yn Eoyn,
  Ny hrooid neem cofney bea!
Foaft, tra veern dy flane cerjoil,
  Shoh nee troggal my chorius,
Moh jeh peccee'n er f,peccoil,
  Agh Creeft hui fon aym baife

H Y M N LXXI

TAR neofe Chalmane banne vehn ue
  Dy gerjaghev eree ta chi tiomel
As ta ayns my aign y cur dou,
  Jean glenney ny loghtyn i, n voy n.
Ayds vnriek ta pooir dy livie,
  'S dy ghenney yn innym s'peccoil,
As cur d u yn tcunifh fon be ,
  As nee ch dv gia'l a ny dy uill.

Ayns m aagid my ren oo rhym ftreeu,
  Dy reull mee veih pecu il, dioh lia,
A ns myghin is ruh ren oo fteau,
  kifh toddev, fon aym di hvind ia
Cui tofhiaght da'n obbir ghrivioil ;
  As foilfhee dy vyghin my Yee,
Jean tinne htyn ftreeu dy breeoil,
  is frail, derrey yiow voym my chree

Mv

My cheayll mee rieau foŝt dty choraa,
  As goŝm hey jeean fon livrey ?
I eʃh ooilley my aigney chyndaa,
  Goaill toddeea ht maynrey dy ŝe,
Cur niʃh yn chonʃheanſe ayms ŝys ŝhee,
  As eŝïht riʃh my yeeïriſe innoon,
As ŝhi, dou ve coardit riʃh Jee,
  As ŝonnaght dy baŝhtal pardoon.

Tra ren mee y vraſaagh'oo roie,
  Chyndaa ŝys my ominiŝvs reeʃht,
Foaʃt ren oo my hroŝeal dy dooie,
  Tra va mee ayns ſeŝghyn ceaut ʃhecŝ
O ſpyryd erreeiʃhaŝh dy ŝhrayſe,
  Ayns ſirinys jeŝn mv cha hlŝia,
Dy voddyŝi ayns craueeaŝht gaſſe,
  Gyn tuïttym ry ſmoo voyd dy bra.

My ta mŝe nŝʃh ʃhŝrrey fon Creeʃt,
  Dy voddym cur graih daŝm' Er-croo,
Ren Yeeſey e vioys chur ʃheeſe,
  Dy chioni aghey doun ŝpyrryd Noo
Eer niʃh ſer ny herjaŝh tar hum !
  Son ayd ti mee farkia ht as ŝuee ;
O iniʃh dou dy vel oo goaill rhym !
  Ae reill fon dy bragh ayns my chree.

H Y M M   LXXII.

O s'hauyr yinnin ŝennaŝht daŝh oor,
  Gyn ſakin ny ſodjey my Yee !
Ny poſeeyn ʃhare t'er yn ooir,
  Veagh doo, s fegooiʃh miijŝd erbee

Y

Yn ghrian houree jeeaghyn oyn bree,
  Yn maghyr teroail da cur m is,
Agh tra ta mee maynrey ayns Jee,
  Ia n geurey myr fourey dou cillet.

E ennym teer cunyffagh t'ch :
  E, ghoan ta gerjoilagh as mie ·
Vun 'enifh ta'n dorraghys chea,
  T'eh erjagh mee ooilley cheu-ftie
D, beign myr fhoh ftill marifh Jee,
  Vein ftill fe ooifh aggle as feme :
Ny s'maynrey ny doonney erbee,
  My hourey veagh ooilley yn vlein.

Still fakin e eddin gloyroil,
  My e ree neefht dy flane curnt da,
Ci hlaa oifht ayns imbag ny beayl,
  la jinnagh my aigney cha hlaa :
A h bannit leih foylley jeh 'ohrayfe,
  She plaafey n ve h jeea hyn teer treih ?
Piyftoon ve, h eh dou goll nih pl a'e,
  As Yeefey dy hoilfhagh e ghravl.

Hiarn vyghinagh my ta mee lhiat,
  My t'ou my ariane is my hirir,
Cre'n oyr ta mee gaccan as playnt ?
  As kys ta my veurey cha beayrn
Dagh bodjil jean eurt jeh my chree,
  As eerjee nee nifh leih dty ghoo,
Ny gow mee hood hene raad nagh Lee
  Ayn geurey ny bodjal ny fmoo

                    HYMN

H·Y·M·N LXXIII.

DIUNID my chin! ayns dty stoyr
 Vel ayd my hin soast my chour?
Jean my Yee 'yummoose angail,
 Mish yn peccagh smoo spairail?

Mish, ta er lhiettal choud e chraih,
Choud er vrasnagh' gys e oaie:
Gobbal claghtyn e choraa,
Whilleen keayrt gys olk chyndaa.

Mish, ren trinn'eh gys y chrosh
Stampey Mac deyr Yee fo chosh,
Lhiccncy ch lesh whcesh dy phian,
Mish ta soast ass torchagh beuyn!

Soast yn thalloo neesht cumrail,
Crceft ta gra " jean eh spairail,"
Gra, "my Ayr bee da chymmoil,
Spuic yn annym neu-vessoil

Jeeagh my uill smoo deyr!" t'eh gra,
Coicc nAvr t'eh voym chyndaa,
Giei hoilchin e yymmoose,
Diunid graih t'eh soilshagh dooys!

Chymmey n Ayr t'ch meighey hym,
Nish t'ch booiagh dy ghoull rhym,
" Kvs neem seurey rhyt' t'eh gra?
I ssht t'ch 'chorice voym chyndaa

Crceft t'ayn slassoo ci my hon,
Jeeaghyn da digh lhott as cron

ach furranſe aſs my lieh !
Jeeyn Ayr ta foia h' jeh.

Yeeſey ta dty hooghys graih ;
Jean m chiee ta creoi y lheie ,
Cioym dtv chleayſh ayns my ghin hym,
Leih my loght, as niſh gow rhym.

HYMN LXXIV.

TAR Spyrryd caſh'rick chalmane meen,
Tar neoſe leſh bree dty phooar ,
As chiow leſh graih ny reeaghyn ain,
Ta riojit feayr dy hooar

Jeeagh, ta nyn ſmooinaght er y theihll,
Ler ommiyys nvn mian ,
Nin enmeenyn chi vel cur geill,
Dy hirrey lurg bea veayn.

Cha vel ain cree dy chur dhyt biooſe,
Nyn padjer ta gyn bree ,
Nin miooſe, nyn badjei, ta eer glare,
Cha vel ad veih nyn gree

Tee vie ! as nhegin dooin myr ſhoh lhiè
Goll naardev as yn pooar ?
In ghraih cha moal, cha teayr Cha treih,
Yn ghraih ayds hooin cha mooar.

Tar Spyrryd caſh'rick, chalmane Yee,
Tar hooin leſh bree dty phooar ,
Cayl graih'n taualtagh er dagh cree,
Lillit bee ain graih dy hooar

L. HYMN

H Y M M LXXV.

O GHRIAN dy chairys, trog ufs fiofs
 Lefh flaaragh avns dty fhian ,
Cur lefh pys m'annym ta ayns terre
 Bea as faualtvs veayn.

My vodjall, n dy voyrn as loght
 O fk. yl ad lefh dty vree ,
Soilfhee m y hooilly n lefh credjue,
 My chree lefh treifht crauee

Charbaa my ai ney lefh dty phoor,
 Veih yeearree vroghe yn eill ,
Lhig flane my fmooina ht as my ghinft
 Ve orts nagh jein tailleil.

O Ayr, gow rhyms ta nih. cheet hood,
 Gow ruh dty chionnacht, Chreeft ,
Fer-gherjee cur dou bo eos s thee,
 Jean mee y chimmey reeiht.

Hunaid, nogh vod ve er ny rheynn,
 Co-corrym 'Nane as Chree !
Dagh credjue as dagh treifht ta ort,
 Dagh gloyr ti cair dhyt, Yee

H Y M N LXXVI.

Goaill Boggey.

M ARISH dty nooghyn lhig dou ftreu
 Mannagh beem agh yn fer s neu feu
 Nee cur-my-ner dty one ,
Marifh fir-chiaullee follys niau,

Shaffoo

Shassoo lesh clasfagh ayns my laue,
's goaill arrane dy hraih.

Cre'n vaynrys t'ayns kion-fenish Yee,
Lesh kiaull gherjoil, ny flaunyssee
    Guu stiagh yn vaynrys bra !
Cre'n alid t'ad dy chur my-ner,
She te ciovmmey er ny straaidyn airh,
    Ee clashtyn e choraa !

Yeesey ! yn niau dy niaughyn ch,
Lesh jeh boggey kiaull as bea !
    Ta son dy vaagh roie voish.
Clishtyn e ghoan ta ch'euny stagh,
Ta spyrryd er ny jannoo mish,
    Dy mayncy cioymmey roish

O ! cisht dy jinnin eddyn buise,
Dy ve ayns boggey, shee, as nish,
    Fenish yn Three-Unnane !
Lh'ent lesh yn euny s ta ayns n iu,
as toish yn stoyl my hra v chcau,
    Lesh boggey goaill arrane

HYMN LXXVII.

T HIG deiney, shenn, as aeg,
  Lesh boggey goaill arrane,
Dy chooilley cah as stayd,
Cur moylley da nyn Jiun,
Three ayns Unnane, as 'Nane ayns Tree,
Lion dy braah, O moyll' shiu Jee.

Yn Ree cur coilley roll !
O lhig da dagh creaoo.

                             Ta

Ta bioys ayn 'fy theihll,
Soilfhaghe\ magh e phooar ;
Three ayns Unnane, as 'Nane ayns Three
Er fon dy bragh, O moyll' fhiu Jee.

E ennym fmoo gloyroil
Dagh mieys ta cheet veih ;
Yn Jee ta er e ftoyl
Er fon dy bragh ny hoie ,
Three ayns Unnane, as 'Nane ayns Three,
Er fon dy bragh, O moyll' fhiu Jee.

Da Jee ta ooafhley cair,
Moylley t'afs rofhtyn pooar
Ainlyn ta heofe 'fyn aer,
As nooghyn er yn ooir ·
Three ayns Unnane, as 'Nane ayns Three,
Lr fon dy bragh, O moyll' fhiu Jee

H Y M N   LXXVIII.

TAR Hiarn, dy gheijagh troailtee fhee,
  Er yn jurnaa ain thie ,
Loayr, as jean foaddey ayns nyn gree
  Loffey gerjoil dty ghraih.

Refooney rifh yn Jee ain, ta
  Nyn niart jeant afs-yn-noa :
Laboragh chreoi, gys aafh chyndaa,
  My ta nyn Jiarn ayns fhoh.

Ayns fhoh jean fuirriaght eifht my Yee,
  As gerjee mee dagh oor
Eifht lhem lefh boggey vees my chree,
  Gys dty choraa ganfoor.   "Shin

" Shir-jee my eddin," t'ou dty ghra,
  Sou fhen ta m'annym guee,
Dennaght dty ghraih, as dty choraa
  'Ve feiyral ayns my chree.

Myr fhoh lhig dou leeidail my vea,
  Dy chooilley oie as laa,
Derrey ayns niau yioym ufs dty vc
  My voggey fon dy bra.

H Y M N LXXIX.

NISH, nifh, ta ayin yn boayl d, fea,
  Ayn oddys m'annym ve ec aafh,
Fuill Chreeft er roie fon loght my vea,
  Eayn, roifh yn feihll currit dy baaic?
E ghraih cha jean failleil dy bra,
Ga niau as thalloo nce caghlaa

Ayr ooilley-niartal, ta dty ghraih
  Poddey etfkyn my fmoomaghtyn ·
Dty chree prayfoil lefh chymmey lheic,
  Graihagh er peccce tannaghtyn,
Skeavlt ta dty roi'ghyn fey-ny-laa,
Dy ghoaill ftia h peccce ta chyndaa.

O keayn dy chraih I t'er fluggey feofe
  My phecca hyn, ta er my mee
Veih ooil'ey my neu-ynrickys,
  Veih loght as broid er ghlenney mee :
Fuill Yeefey Chreeft trooid ooir as niau,
Geam myghin, myghin, naftee dou.

Trooid

Trooid eredjue ta mee geddyn eh
 Dy ve my voggey, as my hreisht.
Ayns trooid dy violagh hu ev chea,
 Gys my hualtagh jeeaghin seose,
Er foayl voym aegle, as doorteil,
 E hruh, cha jean dy bragh failleil!

Gys vonna h feaghyn as tronhufe,
 Myr thooilley coodi hey my chione,
Slaynt nirt, as caarjyn geddyn baie,
 Boggey, as jeiyagh dy ve gown,
Ei fhoh nee m'annym foist treishteil,
Ayr, ta dty ghraih tegooish failleil

HYMN LXXX.

TAR fhiu ta eredjue eu ayns Creeft,
 T'eh jeh dagh moylley feeu
Lefh ercee hyn gennil, cur fhiu boode,
 Son ooilley 'vieys diu

T'eh fhafoo cronkal dy chymmou,
 Ee ercee hyn peccee hieih
Ny finoo cha-lhiafs dy'n er s'peccoil,
 Yn Chiarn y yiooldey veih.

Agh fhiyn ta clafhtyn dty chorax,
 s da dty hoo cur reill
Lefh boggey ta fhin hood chyndaa,
 Dy vod oo aynin reill.

Tar royd dy fiyrah h fpryd mie,
 As nagh jean fhin 'hreigeil,

A 5

A h cur dooin cuirraghyn dy ghrait,
  Nagh jean dy braghtailleil.

HYMN LXXXI

MOYLL-jee yn Chiarn, lefh ard-choraa
  Cur-jee dah h loyr as ooathley da
E ghiarh e obbraghyn ta wheefh,
  Lefh taitnys lhifagh fhin cur booife.

Rollageyn, obbyr vooar e laue,
  T'eh coontey ad, cur enmyn daue,
Ta lheid yn chreenaght vooar ayns Jee,
  As roihtyn finooina ghiyn da h cree

Ard-ghlovr gys Jee ta er-nyn fkyn,
  Ta fk avley magh ny bodjallyn,
Ayns fhen yn flaghey dooin kiaull
  Chimoo t'eh tuittym ayns fardail.

Yn Chiarn ta geddyn magh yn faafe
  Dy cur er fuyr as aroo aafe
E hue ta jannoo mah ta h ieme,
  Ny eeanlee tra t'ad huggey geam,

Agh cre ta trofhid yn cretoor?
  Yn dooinney s'aihin er yn oor,
Yn fer fmoo keart va cofhee s'bieau·
  Da'n Chiarn, ti'd taitnys ioa neu-feeu;

Ash t'eh goaill boggey ayns dagh noo,
  E chloin lefh taitnys t'eh goaill roo,
Ta d ayn treihteil, as freayll e raa,
  As fhoh ta jannoo taitnys da.

HYMN

HYMN LXXII.

ARD ghleyr da'n fauualta,h grayfoil,
    As fhee dy row ain er yn ooir!
O yeefey ti rei'' d' glovroil,
    Cur Hiarn orilley-martal in'oor,
Ayns Beihl hfv ru-git un laa,
    Tra haink oo dy ch'onnaght fhuelnauc,
Jean reefht dys dty phobble chyndaa,
    As foilfhec yn reiltys ayd daue.

Tra haink oo 'fyn eill ayns perfoon,
    Gerjoilagn a maynrey va'n oor,
Eifht ou ree blein euuyffa,h ayn,
    Va niau ayns fhoh wafse yn 'oir,
Tra ren oo ny niaughyn aagail,
    Yn fuihll ren coyit moylley da Jee
Yn fer ta cur graih as coardail,
    As ch, ta cur bog ev as fhee

Dy jinnagh oo reefht hooin veih niau
    Dty fpyrryd, as fhi'vn lee'deil,
As fon,h' reriaght na'h jed row,
    Ayns cree,hyn dtv phobble, ta prayll,
O ican fhin y herji h my Yee,
    Cur er ny afhoonyn cur geill,
Cur noidys as devilys ys fhee,
    As croyin yn flane feihll, gys dty reill.

O tar gos ny nooghyn ayd reefht,
    T ayns foddeea,ht d'akin yn oor
Dty reiltys fhceoil cur lefh fhcefe,
    As fhikyree wafs er yn ooir,

Eifht

Eisht trimshey veih dt'enish nee chea,
  As olkys nee shi'yn y aagail,
Rish noidys as troo beem ayd rey,
  Cha nennee mayd reesht mee-choarddail

Ayns shen cha jean caggey cur kiaull,
  Dy agglaghey annym erbee ;
Cha vel veg yn voirey 'sy voayl
  Ta Yeesey er lhieeney dagh cree,
Agh grayse er chur ooilley gys thee,
  Unnaneys as onid nee reill ·
As beaghey ayns graih myr un chree,
  Myr Yeesey tra v'eh ayns yn cill.

H Y M N LXXXIII

IRREE my annym veih yn ooir.
  Dooisht as trog seose my chree,
Dy hebbal gloyr ys ennym mooar
  Yn ooilley-martal Jee.

Roish ren JEHOVAH lesh e ghoo
  Ny niaughyn skeayley lhian,
Ainlyn ny ADAM er ny chroo,
  V'eh'n Jee gloyroil traa shen.

E vleeantyn liauyr cha jean failleil,
  Agh tannaght' gyn caghlaa :
Son BEAYNID hene yn boayl t'eh reill,
  Dy BRAG i she shen e hraa.

Choud as ta'n traa ai yn er yn ooir
  Dy leah er ny vaarail,
Ta eshyn lhieenney BEAYNID vooar
  Yn traa ai'yn t'eh firdail
              M.

Yn aer, yn taarkey, as yn oir,
  Ayns flameyn hed ad roue ·
Gaase shenn, ys baase ti dagh cretoor,
  Bee'n seihll shoh currit mow.

Feer vie ; lhig 'niaughyn as y keayn
  Goll naridey, neesht yn join ,
My Yee s nee reill ayns maynrys beayn,
  Tra vees ad shoh ee kione.

H Y M N LXXXIV

E C beaghey dagn lha,
  Te cooie dooin gimn
Er beaghey av hunlyn ver Jee dooir ay va

    Marish flaunyssee
    Ayns booey as Thee,
Dy biaghjeh ny curriagh hyn flaunyssagh , ee

    Yn tutnyss ta wheesh,
    Te ard erskyn-insh,
Dy hooyl marish Yeesey, dy veeaghyn er
    Creest.

    Cre n vaynrys ver Jee!
    Cre'n boogev as Thee!
Choud s ciyr mayd er Yeesey lesh oo ley
    nyn gree.

    As nee mayd teasteil
    Gloyr nagh jean failleil,
Tys awiryn dy vaynrys nee Creest flan
    leeideil.

'T'eh foie er y ftoyll,
E nooghyn gloyroil
By bragh t'ch dy lhceiney lefh giootyn
    toiyroil

Cha vod ainle erbee,
Ginfh magh lefh flane bree,
Cre'n diunid dy veichys t'ayns giailt dejr
    Mac Yee

Agh ver en dooin wheefh
Nagh vod chengey ginih,
Dy brugh nee mayd beaghey ayns gloya
    mirih Creeft.

H Y M N LXXXV.

AYR ta dty ghloyr foilfhean feci voorr
  Feer ard dy chur-my-ner !
Thoufaneyn cowrey trooid yn ooir,
  Thoufaneyn trooid yn aer,
Dty obbyr foilfhigh magh dty phooar,
  Dagh ahee ny geayit-y-mooin,
As ta fhin tek n aeefht dagh oor,
  Dty hurranse-foadey dooin.

Ayn jch dty annym foilfhit magh,
  Avas da h nhee dou er chroo,
Ted foilfhigh dooin dty hiboragh,
  As cre'n Jee poo del ro
Tra ta fhin fell n dty chimal
  Dy chofney tohil feeoil,
Fulyt as chymmey neefht coure'd ail,
  Ayns cummey feer ghleyreil

Ayns fhoh ta Jee ry-akin plain,
   Cha vod cretoor erbee
Ginfh, quoi s'gloyroil jeu ta foilfhean,
   Cairys, ny myghin Yee
Agh nifh ayns yrjey ghloyr ta'n Eryn
   Soilfhean ayns niau dy bra :
Ainlyn ta loayrt jeh'n ennym beayn,
   Yn moylley s'feeu cuida.

Olhig dou maroo moylley Jee,
   Dy imlee troggal kiaull ;
Boggey as yindys greinnagh' mee,
   Graih cur yn flane ayns fhiaull ·
Da'n Ayr, da'n Mac da'n Spyrryd Noo,
   Coarddail ajns 'nane ta'n three,
Dy hauail feihil dy pheecee fmoo,
   Ard-ghlovr dy brach da Jee.

H Y M N   LXXXVI.

YEESEY vn ghraih ayd ta fegooifh
   Ca hlaa. as gyn failleil :
Tra t ou er ve cha dooie fhoh dooys,
   Cha lhiafs da 'nane dooyteil.

Cooin lhiam dy graihagh cur dhyt booife,
   Hur fon my annym baafe :
As Prowal lheead as lhiurid neefht,
   Yrjid, as diunid, grayfe.

Dty ghrayfe ta cheet dy palchey neofe,
   Dy arryltagh veih niau ,
As fegooifh kione veih eafh, gys eafh,
   Rofhtyn er flane fheelnaue.

                            T'th

eh roſhtyn trooid yn ſeihll cha lheaa.
T'eh ſtoyr ta er dy neau,
Sh ja h eh ſhiaghey rieau unnane,
Son miſh va'n fer s'neu-feeu.

My pheccaghyn va ard er naaſe,
Er roſhtyn ſeoſe dys niau:
Agh foddey tyrjey reeſht ta'n ghrayſe,
Ta'r leih ad ooilley dou!

Yn diuni I t'ayns graih flaunyſſagh.
Quoi'n ainle ta abyl inſh!
Dyr dou ſoylley firrinagh,
Jeh'n gioot dy ghraih ta wheeſn.

Cha dowin as niurin hooar eh mee,
As hayrn eh mee aſs ſhen!
As Yeeſey hig dy reill my chree,
As eiſht bee'm ſlane jeant glen.

Tar neoſe dy tappee Hiarn ghrayſoil,
Gow mee dhyt hene my Ayr,
Soie ayns my chree dy ſtoyl reeoil,
As reill ſon dhyt t'eh cair.

HYMN LXXXVII.

MOOISE as gloyr da Jee yn Ayr,
Da Jee, eghloyr ta lhieenev'n aer,
Gys cloan gheiney dy row ſhee,
Aigney mie, as foayr veih Jee.

Streeu dy voylley leſh un chree
Uſs, nyn Ayr gloyroil, as Ree
Jee dy phooar as graih, dy bragh
Nagh vod ſhin y ronſagh' magh.

Ooilley'n

Ooilley'n croo nifh lhig daue ftree,
Dy chur gloyr dhyt t'er dy rieau ,
Shi'yn dy booilal, oddys gra,
Jee dy phraih, fegooifh caghiaa

Yeefev, t'ou dooin Jee as Chiarn,
Mac yn Ayr dy bragh er-mayrn,
Creeft ren furranfe er y chrofh,
Son ain peccee ayns fhoh wafs.

Ufs, ta loayrt fon ain iifh Jee,
Jean fhin ayns dty uill y niee ,
Cur anfoor is tar dy chion,
Ufs yn lhiafaph er nyn fon.

Eaifht, O Chreeft iyns niau foilfhair,
Marifh ac'iyr gloyioil unnane ·
Myrt yn Spyrryd-Noo dty lheid,
Gloyr, as moylley, da'n Trinaid.

H Y M N   LXXXVIII

ER-fooyl voym aggle as dooytal
Cha beem's ny fmoo ayns ftayd cha tiel
Ga my Haualtagh foaft cha vel
Er hoilfhyyh aalid gloyr e oaie ·
Agh nee fon fhen neem's lhiggey da
Yn raad, as lhiantyn da'n voltey·
Gh jean, tiooid niart y Chiarn dy hu
Neem ftreeu as cur my varrant u·

Ga rach yn billey-feeney mow,
Yn billey-olive fegooifh ooil,
Ny bilyyn-figgagh fioghey roue,
As mefs yn veghyr fiaht er-fooyl.   G

annagh beagh veg je'n maafe er-mayrn,
... arran styrt yn chiolt ne ,
... ... m lo,egnuv 'fy Chiarn ;
Gys iny Hiu ilta h goym arrane.

n ta my annym s tanr ightyn
A ns ftiyd ch chyrvm, neu-veffoil,
Ilhmjch grayf is banna htyn ,
Gyn veg y vie. a, h flane peccoil .
Sa ra my cherjagh til it sheeie,
My yerkal fullym giarir jch ,
Nj-yeih nee'm ho cy ghoull ayns Creeft,
T'er yannoo lhilagh als my lich.

HYMM LXXXX.

TA firrane ayn ta lhicent lefh fuil
Ren roie veih Eayn y chee ,
Doddigh peece veih da h toil,
Ayns shen ve er ny nice !

Yn maarhaan hene ghow bogev meoir,
Tra ren ch takin ch
Is mith va nee'ht neu-ghlen dy hooar,
T ayre fl en er my livrey !

Fuil Chrecft cha jean ee coayl y bree,
A h kinjagh pooarail ta ,
Darcy vees ooilley nooghyn Yee
Goit feofe gys maynrys bra.

Neavi ren mee fikin yn forrane,
la fuei s aym as aafh ,
Gah flaungflagh t'er ve m'ariane,
As bee er gys my vaafe

Eisht ayns aght s'ooafle ta fvs aym,
  N c'm fingal jeh dty pl oo.r ,
Tra vees yn chen ey voandagh t'aym,
  Ny lhie ec fea 'fyn ooir

She er my hon dy fhicker ta
  Greie-chiaullee heofe ayns m'iu ;
Dy voylley Jee er fon dy bra,
  Shen gioot va kionnit dou.

T'ch jeant as fhiaullit fon avm nceiht,
  Dagh nhee ta ayns y chair
Dy vovllev ennym Yeefey Creeft,
  Gys ooafhley ard yn Ayr.

HYMN XC.

O tir-jee lhig down goaill arrang,
  Myr ainlyn roifh yn ftoyl,
Thoufane d'houfaneyn myr unnaue,
  a moylley ch lefh kiaull.

Feer feeu ta'n Eayn hur baafe t'ad gra,
  Dty chofney ooafhley beayn ,
Feer feeu ta n Eayn ta n cree gimraa,
  Son peecee hur eh'n pian

Ta Yeefey feeu jeh ooafhley vooar,
  Jeh oloyr as pooar dy bra ,
As moylley fmoo ny t ayns hyn booar,
  Vees kinjagh currit da.

Lhig da'n flane cioo nifh myr unnane,
  Moylley yn ennym beayn ,
Gys Jee yn Ayr fheer goaill arranc !
  As ooafhley chur da'n Eayn

HYMN

H Y M N XCI.

LHIG da dy chooilley nhee cur booife
Da'n Chiarn, JEHOVAH ryn ver-croo,
Moyll fhiu eh niau as thalloo neefht,
  Ren fhin afs veg lefh pooar e ghoo.

Tra ren eh loayrt yn goo breeoil,
  Dagh nhee ren tregeyrt e choraa ;
Liorifh e ghoo [e Vac] oloy roil,
  Dagh nhee va tofhiaght currit da.

Yeéfey, yn Chiarn, as Jee mooar fhen,
  Ren cummey fane fheelnaue, as mifh,
Mifh, fon dy voddin cur er enn',
  As eh dy biallagh 'hirveifh.

As nifh (my ver oo hene dou pooar,)
  Dy arryltn, h yiow flane my chree ;
As my nee'm dt'aigney er yn ooir
  Dy lcah vee m mayrt ayns niau my Yee.

H Y M N XCII.

TROG-jee nyn fooillyn fcofe gys niau,
  Raad tn'n Saualtagh foie,
Tn afs nyn lieh loayrt rifh e Ayr,
  Ayns graih t'eh fon eu guee.

Son ayds, O m'annym, hur eh'n baafe,
  As gheayrt eh fuill e chree ,
Aggyrts y leigh ren eh chooilleen',
  Eifht hie eh feote gys Jee.

Padjer as booife vees foit jeu nifh,
  My t'ad veih grunt y chree ,
      N   Nce

Nee Creeſt nyn ſaggyrt goaill nyn goouh
   Dy hoiagh roiſh y Ree. ,

Nee Creeſt cur leſh my phadjeryn,
   Kiongoyrt riſh ſtoyll e Ayr ,
Trooid toilchin Chreeſt bee foiagh jean
   Jeh m'oſnaghyn as jeir

O Ayr, jean leih daue, nee eh gra,
   She fon oc hur mee baaſe ;
Cha baillym un unnane jeu 'choavl,
   O cur daue foayr as grayſe

Jymmooſe yn ayr ta leah chyndait
   Trooid accan nyn bleadeyr ,
Gra, Vac trooid grayſe nee'm ad hauail,
   As er dty ghraih's t'ad ſeyr.

O cur jee booiſe da'n Ayr grayſoil,
   As moyll-jee 'ennym noo ,
Cur-Jee dagh gloyr da Yeeſey Creeſt,
   As gloyr da'n Spyrryd Noo.

HYMN XCIII.

LHIG dooin goaill arrane,
   Mariſh flaunyſſee,
Dy voylley nyn Jiarn,
   Leſh firrinys cree ,
Shen t'ain niſh ayns foyllev,
   Ta feeu jch nyn mooiſe ;
Dagh gloyr as dagh moylley,
   Ta caiiagh da Creeſt.

Ard-voylley gys Jee,
   Ta reill er-nyn-ſkyn ,

T'er ghiootal dy f ee,
 As er chur neofe hooin
Creeft Yeefc y faualtys,
 As gerjagh e chloan ;
T'eh cearlys jeh maynrys,
 As bea fegooifh kione

HYMN XCIV

COOIE as cair te moylley Jee,
 Dagh traa, as ayns dagh faafe;
Gloyr y choyrt d'ı Creeft nyn Ree,
 Yn Jee ta lane dy ghravfe ·
Lhig dooin ooilley niih goaill ayrn,
 As toyrt-booife y hebbal da :
Ooafhley feeu y chur da n Chiarn,
 Eer niih, as fon dy bra.

Ad ta heofe ayns foilfhey dt'oaie,
 Ta niih lefh un choraa
Moylley laa hauyr fegooifh oie,
 Nagh vel goaill fea dy bra ,
Ainlyn as ard-ainlyn neefht,
 Moylley n Three-unnanc gloyroil ,
Cur dhyt ooafhley, tuittym fheefe,
 Ayns yindyfs roifh dty ftoyl

Baill n cur dhyt moylley neefht,
 'r fon dty Vic hur baife ,
Da nyn Jiarn cur m ylley's boofc,
 Ta dooin cha lane dy hrayte,
As da Jee ya Spyrryd Noo,
 Ammys feeu y hebbal dı,

Troggal

Tioggal kiaull lhig ooilley n croo,
  As ooir gys niau hyndaa,

H Y M N XCV.

AYR flaunyffagh, fhe liort
  T'ain bioys, niart as bree ,
Dhyts baillin booife as moylley choyit
  Son croo fhin, as dagh nhee :
Shiuifh ainlyn cur fhiu da
  Ard ghloyr lefh flane ny booar ,
As deiney'n chîaull gherjoil hyndia,
  Gys flaunys veih yn ooii.

Nifh, as er fon dy bra,
  Da Jee yn Mac cur booife,
Shin hene myr oural 'hebbal di
  Ren fhin y Chionnaght reeiht ,
E ghiaih lhig fliuny flee
  Infh magh trooid eafhyn beayn ,
As geam faualtys ard i ys Jee,
  Saualtys tys yn Fayn.

Lhig da dagh noo cur booife
  Da fpyrryd bannit Yee ,
Ta tayrn lefh fhaghrynee gys Creei',
  E phooar ta glenney'n ciee !
Ainlyn cha vod dty ghraih
  Ta wheefh, y hoilfhagh magh ,
Ny flrooanyn mavnrey void ta roie,
  Dy voggey flaunyffagh.

Lhig fhefhaght-chaggee niau
  Cur gloyr da n Three-unnane,

Dhyts lhig da ooilley cloan sheeinaue
 Cur graih, as goaill arrane .
Yn aer 's yn ooir un laa
 Nee chea kiongoyrt rish dt'oaie :
Agh eisht yiow moylley son dy bra,
 Veih ooilley cloan dty graih.

H Y M N XCVI.

MOYLL-jee yn Chiarn shiuish ainlya
 niau,
 Ta cur-my-ner e oaie ·
Ren shiu jeh stoo nagh vel goll mow,
 Nyn meaghey lesh e ghraih

Gow-jee arrane, son diuish te cair
 Cur moylley dy crecoil ,
As crommey er ny straidyn airh,
 Roish Jee ta cha gloyroil.

Yn Ghrian ta 'choorse dy kinjagh ioic,
 Dy chur dooin foilshey'n laa,
Lhig da goaill rish, (as cayst yn oie)
 Quoi ta cur foilshey da.

Geayghyn, ansoor shiu da 'chorus,
 Dy ynsagh shin ayns shoh .
Son tra ta n bodjal fainagh da,
 Ta shiuish myr queeylyn to.

Lhig sterrym, doiric, as dagh nee,
 Fer, taarnagh as tendreil,
Lhig daue cheet roue, as atchim Yee
 Da cloan sh elnaue phreachel.

Yn

Yn faarkey foilfl agh magh dty phooar,
  Dy kimagh lhicenney 's craih
Lhig touyn g s rouyn lefh booife ganfoor,
  Baaie fregvrt neufht eys baaie.

As beifhtyn avns y dunid vooar,
  Lefh fcaailey follys ereoi,
Ad fhoh ti foilfhagh dooin dty phooar,
  Myr tad yn faarkey fpreih

Agh reddyn elley foddey s'kiune
  Gys dt'ennym ghoys arrane ,
Yn chiaull oc bingys rifh y throoan,
  As roic fud dagh banglane

Croym-jee lefh ooafhley da'n fer-cioo
  Dy chooil ey villey glafs ,
As dagh banglane ta laane dy hoo,
  Gys Jee hug erriu gaafe

Ny lvean'ee trogval feofc veih'n ooir
  Lefh kiiull, ee brifhey'n lia
As geeck nyn geefh lhig dagh eretoor,
  Dy reic myr ta 'choraa

Choud s ta eretooryn troggal kiaull,
  Lhig deiney moylley Jee :
As lefh un aigney avns dagh boayl
  Cur glovr dan Chiarn nyn Ree

HYMN

HYMN XCVII.

Prayll.

YEESEY t'ou Chiarn erſkyn dagh nhee,
  Er ſon dy bragh fegooiſh failleil .
Eaiſht riſh dy phobble hood ta guee,
  As O jean gynſagh ai dy phrayll,
Spyrryd dy accan jeean breeoil,
Deayrt orrin neoſe, O Ayr ghrayſoil.

Cha vel ain eer yn vieys ſloo,
  Smooinaght ny yeearree mie erbee,
Gys nee uſs ren yn ſeihll y chroo,
  Yn phooar y hoilſhagh ayns nyn gree ;
Eiſht ta ſhin ayns dty ſpyrryd geam,
as cur dhyt reeſht dty ghiootyn hene.

Dty chloan ta hood ayns ſeaghyn geam ;
  Cui claſhtyn da nyn badjeryn,
Cooilleen nyn yeearree, as nyn veme,
  ayns traa dangeyr, as miolaghyn ,
Cordail riſh firrinys dty ghoo,
Deayrt orrin neoſe yn Spyrryd Noo.

D ymmyrkey leſh annooinnid vooar,
  dty phobble hene ta briſht ayns cree ;
Dy vod m iyd gleck rhyt hene leſh pooar,
  as arriaght v'ain mariſh Jee :
Spyrryd dy accan jeean cur hooin,
as jean dty eniſh hene cur dooin.

Spyrryd dy accan aſs nyn leih
  Cur dooin, ta er dty hon waitcil :

Erſkyn

Erskyn dagh cioot, cur dooin dy ve
  Abyl dy chooilley hraa dy phrayll
Yn hanna ht shoh cur dooin O Yee!
As marish ver oo dooin dagh nhee.

H Y M N XCVIII.

D'TY Spyripd deayrt er ooilley'n ooir
  Ayns cairys croo ee afs y-noa
Lhig da n reeriacht ayd cheet lesh pooar,
  As recriaght niurin tuittym fo.

Myr thooilley martal lhig e cheet,
  As roish dy chooilley noid y stroie
Derrey vees ooilley'n seihll shoh reilt'
  Lesh credjue gobbragh' horish graih·

Lhig da dty spyrryd ayns dagh boayl
  Dy palchey skeayley magh e vree,
Derrey nee graih, as mess graysoil,
  Blaaghey, as skeayley ayns dagh cree.

Shoh jean y yialdyn dooin, O Ayr,
  Uss ta dy bragh dty ghoo cooilleen,
Cooilleen dty ghialdyn dooin te ein,
  Ayns aile dy ghraih soilshee oo hene

H Y M N XCIX.

O Spyrryd Neo, tar hooin,
  Lesh gerjagh gys dagh cree ·
Soilshee yn Ayr nish coardit rooin
  Trooid fu'll Mac graihagh Yee.
    cur dooi i shee as aash
  As fooillyn d'akin Creest.

                                     L

Eh hur, fon dagh drogh-yantagh baafe,
So n aym's nagh hur eh neeiht ?

Nane cha vel abyl gra,
Yeefey, e Hiarn dy ve,
Derrey ne'oo coyrt y hoilfhey da,
As ayrn ayns goo yn vea ,
Eifht ta fhin gennaght pooar
Yn uill ta cur dooin fhee ;
Is geam lefh graih, as boggey mooar,
She oo my Hiarn, my Yee !

Dy goghe dagh annym rifh
Huz er nyn fon e uill ,
Jar Spyrryd Noo, as foilfhee nifh,
E ennym fmoo breeoil ,
Yn ghrayfe ta chebbit daue,
Yn phooar ta cheet veih Jee,)
Is bee leeiddlagh flane fheelnaue,
As reill dy chooilley chree.

Jur dooin yn credjue bio,
Eifyn ta cofney'n gioot,
Ja echey fenifh jeh bea noa,
As credjal feooifh dooyt ,
Dgh noid t'ch lhieggal fheefe,
Ny fluityn t'eh dy lheie,
Uail dagh 'nane ta geam er Creeft ,
Jeant firrinagh ayns graih.

HYMN C.

HASS liorifh dt'eirtyffee my Yee
Lefh pooar breeoil dry ghiayfe ,
O.   As

As cur dhue veearee ieean nyn gree,
  Yn rafs t'ad cuiri dy alle

Foshil di ,h cree dy ghoaill dty ghoo,
  Choud's ta dty yialdyn gra
Dy vel oo booia,h coardail roo,
  My nee ad hood chyndaa

Eisht lhig thoufaneyn chvndaa hood,
  Ec eam brecoil dty chrayle ,
Dy vod ad myghin cheddyn trooid,
  Yn Eaynien furranfc baafe

My Yee, jeeagh neofe er peecee voaght,
  T'ayns dorraghys ny liue ,
Cur daue dy ennaghtvn nyn loght,
  As grayle dy hyndaa thic.

Chaggle ny peccee veih dagh ayrn,
  (Ga t'ad ayns coontey wheefh ,)
Dy vod ad ve un woaillee Hiarn,
  Fo'n bochill' graihagh Cieeft.

H Y M N CI.

YEESEY, eaisht rifh eam dty noogyn,
  Ayns dty ennyin hene ta pravll ,
Nifh ayns myghin croym dty niaughyn,
  Da dty phobble cur meeteil :
Da nyn accan jeean cur clafhtyn,
  Cur dooin nifh anfoor dy hee ,
Lhig dooin er dty vieys blafhtyn,
Tar lefh gerjagh gys dagh cree.

Jeeagh c'wooad fooill gys niau ta trogg',
Whuilleen cree fon Yeefey fieau,

Accvp

Accan jeean nagh vod ve obbit,
Guilmagh, "Yeefey, tar dy bieau ,"
  Baillin jeh dty ghraih goaill foylley ;
Jean dty noidyn 'hilgey fheefe ,
  Gow yn reiltys as yn moylley,
Lhieen dagh cree lefh graih, as booife,

  Fockle feer gherjoilagh chlinym,
M'annym booifal da'n coraa ,
  "Raad vees jees ny three ayns m'enrym,
Beem's ayns fhen," ta Yeefey gra
  Nifh my t'ou ufs Hiarn er gerrey,
Lhig dooin gennaghtyn dty phooar.
O haualtagh ! tar ny fnieffey,
  Soilfhee dty haualtys vooar

As dy bragh nagh jean creigeil fhin,
  Freill dy chooilley annym faafe ,
Trooid yn aafagh jean lec deil fhin.
  Bee nyn Larrey dooie gys baafe ,
Eilfit my Hiarn 'fyn oor femoil fhen,
  Jean dty phobble y hauail ·
Ler ee baafe, bee feer ghryloil dooin,
  Lhig dooin ayns dty hee paartail.

HYMN CII.

O irree Ghrian dy chairys vra,
  Jean foilfhean er my chree ;
Cur ny dy akin foilfhey'n laa,
  Dy voggey as dy hee

Dy hoilfhey flaunyffagh cur dou,
  Dy chur-my-ner dty oaie .

Dy

Dy voddym fhooyl 'fy raad gys niau,
　　Geiyrt er yn Jee dy ghraih.

Trog feofe dty enifh er my chree,
　　Dy vod dty lhiannoo nifh
Fakin (fegooifh fcadoo erbee)
　　Yn Jee mooar coardit rifh.

Cur er my voggey gloyroil gaafe,
　　My ghraih, my er-kionnee ;
Dv voddym fackin trooid dty ghrayfe,
　　My annym fauit ayns Jee.

Dy hee myr ftrooan dty ufhtey bio,
　　Marifh pardoon cur dou ,
Doggey dv ghlennid cree ayns fhoh,
　　As lurg fhoh Loggey niau.

H Y M N CIII.

USS Vac y Jee, t'ou cur-my-ner
　　As toiggit grunt dagh cree ,
Jean foiagh' nifh jeh nyn fhirveifh,
　　As bee nyn maft'ain, Yee.

Ta hin nifh crommey roifh dty ftoyl,
　　Er-ii en lefh jceanid cree ,
Agh foillhee Hiarn, vel flane ad fhoh
　　Cui ooalliley feer dhyt, Yee.

Vel 'nane ayns fhoh nagh none da oo,
　　Ny cennighyr e cme ,
Joarree da n uill ren kionnight da
　　Pardoon, yn uill ayd here.

Ch, ndaa'n vee-chredjue echey niſh,
 As ſo lhee da 'ghanjere ,
O bwoaill e chree leſh trimſhey trome
 Cur arrys da ayns jeir.

O cur er geaſh, cre ſhegin ve jeant
 (leſh apple ihigch craa)
Dy voddym ve er my hauail,
 As ſhaghney treihys vra ?

Shegin dou chelleeragh roie gys Creeſt,
 Leſh arrys as leſh co ,
Gyn arragh raad y chur da olk,
 as ſhen choud as veam bio

Shegin dou dy jee in ſon credjue guee,
 As ſtreeu dy vooiys y Chiarn ,
Shegin dou ayns Creeſt ve ruggit reeſht,
 Er-nonney baaſe vees m'ayrn.

HYMN CIV.

Cazzey.

DTY phooar breeoil cur dou,
 As martee m'annym faile,
Dty honney tuagh, as reriaght mau
 Y gnoaill myr leſh tranhaſe.

Cooin lhiam, gys ynmyd vie
 Dy chur da h gioot, is grayſe ·
Nau, coſne 'n gioot lmoo ard dy ghraih,
 As maymys lurg y vaaſe.

HYMN

HYMN CV.

JEE jeh my vea, dty phooar grayfoil,
  Trooid gaueyn baaifh er my lecideil,
Er hyndaa voym yn oor baafoil,
  Freayll feofe my chione tra vein finkeil

Avns flane my raad goym rifh dty roih,
  Dty ard chiarail hug lefh mee trooid,
Cooin lhiam 'fy raad kinjagh dy roie,
  My chefmadyn leeid jeeragh hood.

Yn fiarkey goaill rifh poonr dty roih,
  Er my livrey ee faicy Yee ;
Cha voddagh eh my vioys 'ftroie,
  Son ufs my Hiarn, va coadey mee.

Er broogh yn oaye ren oo fparail,
  Cha ren oo treayll dty chooney voym,
Hoonar mee oo faggys dy hauail,
  Dy eiyit er-fooyl yn chingys trome.

Quoi gys nee'm goll fon veg y vie ?
  Ach chea gys my haualtagh beayn ;
Sauchey ayn s dt'oghrifh dy lhie,
  As faftee ghoaill fo fcaa dtv fhian

Div chreenaght, flaunyffagh cur dou,
  Avns dagh dangeyr livrey ufs mee,
Mifh vinnagh tuittym gys toyrt-mow,
  Agh t'ou ny froftey ny my chree.

Tar as jean cammal avns my chree,
  As fuirree marym fon dybra,

Yn

Yn cimin vees jeeragh eisht my Yee,
Yn dorraghys vees cail't ayns laa.

HYMN CVI.

CUR shiu sidooryn Chreest
Yn eilley-caggee miu
Oamrit lesh pooar yn troihid neesht
Ta Jee dy yialdyn diu,
Nurtal ayns Creest nyn Ree,
Yn Chiarn jeh sheshaght niau,
Son ad ta credjal ayns Mac Yee,
Dagh noid ta lhiezgit roue.

Isht shiafs-jee dy creeoil,
Lesh slane e niart as bree,
Soull son y chaggey spvrrydoil
Slane eilley-caggee Yee,
Nvees nyn obbyr jeant,
Nyn noidyn curiit sheese,
Veih dagh peccah seyr, as glen't,
Lisht shassoo slaane ayns Creest.

Isht shafs-jee noi dagh noid,
As cur shiu eddin daue,
Ad cheet lesh dewilys line dy vroil,
Trooid mizh yn laa dy ghaue:
Veih nazh lhig shiu lhieu,
Dy dunnil shass-jee migh,
N eniey sollys currit miu,
Dy chairys flaunyssagh

Eisht freill-jee arrey geyre,
    Dy martagh'n annym faase,
Gow shiu dy chooilley nhee ta cair,
    Dy chooilley ghroot as grayse :
Ayns order caggee freilt,
    Dy chaggey lesh un ehree,
Agh lhig dy chooilley 'nane ve eilt
    Lesh aigney Chreeft, nyn Ree.

H Y M N CVII.

YEESEY t'ou-ufs dooys feer dooie
    Dt oghrish boayl dy hauchys doo,
Veih ny thooilli hyn ta roie,
    As yn fterrvm t'er dagh cheu :
O haualtagh coodee mee,
    Derrey vees yn fliteu a m rey,
Lceid my annym eisht ayns shee
    Snagh 'fy phurt, iaal buillym 've.

Sauchys arrach c' a vel aym,
    Aynyd ta mee cur my hreisht ;
Jean dy kinjagh coomey lhiam,
    Freill, O freill my annym feose '
Ort ta ooilley my hreishteil,
    Oo ta gerjagh mee dagh laa ,
Jean my chione ta rooisht endeil,
    Freill mee fauchey fo dty scaa

T'ou O Chreeft dagh nhee ta mie '
    T'ou ny s'deyr dou ny dagh nhee ,
Trog my annym ta ny lhie,
    Slaanee'n boght ta brilht ayns cree :

F'ou

T'ou ufs cafherick as gloyroil;
 Mifh lane peccah, as angaifh ;
(Lane dy vroid dy ftoo peccoil,)
 T'ou-ufs ynrick lane dy ghrayfe.

Palchey grayfe ta ayd my chour,
 Grayfe dy liooar dy ghlenney mee ,
Lhig da'n ftrooan roie veih dty ftoyr,
 Glen, as freill mee glen ayns cree ;
Ufs farrane gerjoil y vea,
 Ufhtee nifh my annym paa :
Gell dy kinjagh gyn goaill fea
 Ayns my annym, fon dy bra.

HYMN CVIII.

Watchal.

SHOH va my vreearey fenifh Yee,
 My hengey nec'm y reayll ,
Nagh bee drogh-ghoo, ny loght erbee,
 Ry-gheddyn ayns my veeal.

Ny-yeih fud fleih jeh glare neu-ghlen,
 My fhegin dou laa vaarail,
Freayll arrey fmoo nee'm yn laa fhen,
 Nagh loayrym jeh fardail.

S'coan lhigym da my veillyn loayrt
 My fmoomaghtyn grayfoil ,
Nagh bee my yeeanid crauee fpoyrt,
 Ny gamman da'n craidoil.

Agh my hig oor dy vaikym caa,
 Cha gaillym rouyr my chree ;

P

Lhig

Lhig da'n craidoil cur taftey da,
Dy vod mayd loavrt fon Jee.

HYMN CIX.

TOWSE d'aggle crauee baillym va,
Dy ghardal flane mv vea,
Kinjagh dy chur er peccah enn ;
'S leah dwoaie dy akin eh.

Nagh creigym aragh dty hirveifh,
Ny'r Jee cha dooie cur fneih,
Cur cree meen foalley, as confheanfe
Ta taftagh, dooiflit, as meigh

Cha taftagh, bioyr, as clagh y thooill,
I hig da'n chonfheanfe aym've ;
Sheer ei my hwoaie, ayns flane my booy'
Jeh'n noid ta lhie cooyl-chlea.

My yinnin jeh yn raad chyndaa,
Dy leah cur ophfan dooys,
As lhig dou keayncy oie as laa,
Son brafnagh' dty yymmoofe.

Oh ! lhig da'n caflys floo dy foill
Cur ennaght jeh angaifh,
As geivrt my annym, gys yn uill,
Raad yiow'n fer feaghnit aafh.

HYMN CX.

HIarn, ta mee cheet fon kemmyrk hood,
Dagh miolagh myr vee mgoll ny broud
O jean ufs mee endeil ,   Gys

Gys arrey gyere jean dooftey mee,
Freill ooilley veearreeyn my chree,
　　As greinnee mee dy phrayll.

Coimrit lefh eilley flaunyffagh,
Dy voddym kinjagh fhaffoo magh
　　Noi peccah tra t'eh cheet ;
Shafs horym kinjagh, niartee mee,
As lhieen mee lefh eadolys Yee,
　　As aggle cafherick.

My ragh'n gyn-tort er-fhaghryn void ;
Agh roifh my duittym ayns yn ooig
　　Lhig da'n dangeyr cheet r'ifh
Eaie orrym thie lefh oghfan gyere,
Un fhilley graihagh, myr hug er
　　Cree Pheddyr dy ve bufhr.

Dtv vyghin orrym's flane coo lleen,
As jean mee ayns dty chaflys hene,
　　Ynrick as fegooifh foill :
Nifh er my yannoo aarloo cooie,
Dy voddym cur-my-ner dty oaie
　　Er fon dy bragh gloyroil.

H Y M N　CXI.

VOCHILLEY flaunyffagh tar royd
　Dty phobble dy endeil :
Douefyn ta miofit ec y noid,
　Cur niart as pooar dy phrayll.

Ayns miolagh creoi, jean cooney lheiu,
　Nagh jean ad ayn failed,　　　Agh

Agh orts nyn marrant kinjagh cheau,
  As fegooifh fcuir dy phrayll.

Spyrryd grayfoil dy accan jeean,
  Deayrt orrin ta fhin guee ,
Dy ghleck, gys fhione dooin Creeft yn Eain
  As fakin eddin Yee.

Derrey ne' oo fhin gys graih chaghlaa,
  Ayns y co-chaflys ayd ;
Lhig da daph annym guee, as gra
  " Cha lhiggym dhyt yn raad."

Cha lhiggyms raad dhyt, derrey t'ou
  Er hoilfhagh dooys dty phooar ,
Er hoilfhagh dt' ennym graihagh dou,
  As dty haualtys vooar.

Eifht fegooifh coodagh giall dou, heofe
  Dy akin eddin Chreeft ,
Credjue lefh fakin fluggit frofe,
  As padjer ayns tort-booife.

HYMN CXII.

Oufs, ta martal dy hauail,
  Eiyr voifh my annym mee-chairau,
Lefh boggey, aggle, as lefh graih,
Cur dooys dy voddym freayll dty leigh

O ! lhig da beam jeh foilfhey dt' oaie,
Skeayley voym dorraghys ny hoie,
O ! jean my annym feayr y hiow,
Lefh aile dy varriaght veih niau.

Sea

Son jeeanid an mey ta mee guee,
Ny-yeih mee-rioofagh as eyn vree
Cur dooys nagh bee'm ny fmoo er gooys,
Agh kinjagh ayns dty raadyn fhooyl.

Mennick lefh yeearee jeean er ceoil,
Kiut dy chofney'n leagh floyroil,
Watchal, as gaccan, ftreeu, as pray ll:
A s'leah ta ooilley reefht foilleil.

Ta lhiggey fha, hey as mee-rioofe
Geid er my fpyrryd ftiagh gynyfc
Dooifht mee O Hiarn, lefh pooar dty ghoo,
Nagh jeanym eadiey reefht ny fmoo

Jannick ayns cree cur dooys dy ve,
As er dty hons ve flane m'imnea :
Jchuoh voym yn feihil maridh ooagh nhee,
Ta fcariey n ghra n ayd voidh my chree.

HYMN CXIII

DY watchal niall dou pooar ;
Dy phrawll jean dooiftey mee.
As veih dagh ribbey t'er yn ooir,
O gow er-fooyl my chree

Ju as livrey mee veih
Yn feihll, as voiin 'imnea ,
Atber ruih m annym, chyndaa thie,
Erfon dy bragh gys fea.

Jan fiyi dy chooiey thiam ,
Nagh taig ny fodjey mee :
Curiefh yn fpyrryd feaghinit aym,
As jean my reayll ayns fhee.

Nagh

Nagh fur dou reefht dy roie
   Er fhagh'ryn void ayns cree ·
Gow mee pryfloonagh jch dty ghian,
   As jeigh mee feole ayns Jee.

H Y M N CXIV.

MY annym, dooifht as eie gys Jee,
   Cre hon t'ou choud cumrail ?
Dty churiym mooar, erfkyn dagh nhee,
   Cre ta ny floo kiarail ?

Gow dys ny fnienganyn, nagh Jeean
   T'ad Streeu fon gire cha faafe,
Shi'yn, t'ain dy chofny maynrys veayn,
   Nagh kinjagh geuill nyn aafh !

Shi yn er nyn fon chroo'n Chiain dagh
   nhee,
   Rolla cyn heofe' fyn aer ;
Gard d'ainlyn, gethgh neofe veih Jee,
   Dy icajll fhin veih dangeyr

Shi'yn er nyn fon ren Creeft yn Eayn,
   ayns graih feer vooar cheet hooin
S ihiaftey dy chofney'n euaght veayn,
   Ken'uill deyr chonniaght dooin !

Hun vie as jean mayd fill goll mow,
   Gyn dt'aigney y chooilleem ?
O Spyrryd bannit tar veih niau,
   Tar, as gow chymmey jin.

Cur dooin lefh bioys er cheu-fthie
   As annym lane dy vree ,

Lefh

eh credjue bio, as fkianyn graih,
D, etlagh feofe gys Jee.

HYMN CXV.

DY hirveifh Jee dy jeean,
Shoh'n raue ta currit aou,
Dy gheddyn aarloo m'annym beayn,
Dy chiartagh'ee fon niau.

D yannoo mie dagh oor,
Myi ta mee gaafe ayns cafh
D lhie da goaill feofe flane my phocar
My Vainfhter dy hirveifh.

reill mee dy kinjagh mayrt,
Leeid mee fy chitlan cair,
x Hiarn, fow aarloo dty harvaant,
Dy chur dhyt coontey gyere.

un jeeanid dou dy phrayll,
Dv voddym cofney grayfe,
fickvr, my neem my Hiarn hreigeil,
Dy bragh nee'm geddyn baafe.

HYMN CXVI.

EE jch dagh grayfe as yrjey gloyr,
Ta reill ayns ooafhley beayn,
As ta mee nifh er gheddin foavr,
Trooid lhiafagh fuill yn Eayn :
and jch dagh myghin uruls doo s,
M uifh pardooncy mee :
gale jeanin reeiht jymmoofe,
Lr fpyrryd graihagh Yee.

My

My t'ou dy jarroo my ghinagh,
　　My oddym freayll dty ghoo,
Gyn arragh ve mee-viallagh,
　　Gyn arragh brafnagh' oc :
Cur dooys yn mefs dy chredjue fhare,
　　Dy voddym troailt ayns fhee ,
As ceau ayns fhoh my lachyn giare,
　　Dy meen ayns aggle Yee.

Bare lhiam ve fhooyl ayns dorraghys,
　　Dobberan fon dty hee ,
Na reefht chyndaa gys rouanys,
　　Yn ghrayfe ta ayn veih Jee ·
Bare lhiam ve fhooyl fo atchim treih
　　Er-creau roifh corree nau,
Roifh irree'n magh noi'n leigh dy ghra h,
　　Ta Yeefey er cur dou

Agh oh ! cha bailt mee dy ve bio
　　Ayns feaghyn, ny angaifh ,
Chamoo ta taitnys ayd ayns fhoh
　　Trimfhey cloan deiney faafe .
Dy chur dou grayfe dty haunys fmoo,
　　O jean mee rifh hauail ·
Lefh arrym lhig dou goaill yn goo,
　　Ta Jee as mifh coardail.

Still lhig dou fhooyl myr roifh dty oaie,
　　Ta goaill flane taffey jeem
My chree lefh arrym as lefh giaih,
　　Jean friemmey nifh hood hene .
Gys vees my lachyn er ny roie,
　　Ec caffyn Chreeft ree m lhie ,

ight marish heose ayns niau nee'm soie,
Tra ver eh lesh mee thie

HYMN CXVII.

HOODS Yeesey vochilley'n chioltane,
Son cooney ta shin roie,
Dty hioltane beg, O freill ad Hiarn !
Ta'n moddey shirrey stroie.

ch cheet lesh olkys Niurin lane,
Dy skeayley, as dy stroie ;
ch goaill dagh 'nane ta veih'n chioltane
Da hene, myr spooilley cooie.

Hiarn jean dy kinjagh shin 'endeil,
as freill shin leih dy roih ,
gooish yn woaillee avd aagail,
Cha vod eh shin y stroie.

Nagh sur uss da dy skeayley shin,
Un annym jeh'n chioltane ,
ch jean shin lurg dty aigney hene,
As freill shin still unnane !

v graihagh cooidjagh beaghey nish :
Myr shen veih'n seihll caghlaa ,
geddyn crown gloyroil veih Creest,
Dy reill ayns niau dy bra.

HYMN CXVIII.

THE shoh my chreenaght as vondeish,
Jee, slane my laghyn y hirveish,
Lh airym as lesh graih ;

Q

Bea

Bea chreeney lhig dou y lceideil,
Liorish dy chooilley olk hreigeil,
As fhooyl 'fy chaffan mie,

O lhig dou ftill veih peccah chea,
Cree tuihtagh (nee oo foiagh jch,)
O Yeefey cur ufs dou
As lhig dty fpyrryd gynfagh mee,
Cre'n aght fhare oddvm moylley Jee,
As lhooyl yn raad gys niau

H Y M N CXIX.

MENNIC er cheau yn oie peccel
As cur nyn daitnys 'fy chrctooi,
Goll feiyrt er yeearreeyn feohdoil ,
Nyn maynrys reddyn er yn ooir
'Traa cail t cha vod mayd jannoo rifh,
Agh ta fhin re'h'n ayin s ooafle nill

Cha vel fhin kiarit dv hoaill fea,
Chamoo ny fooilljn ain y jeigh ,
Agh ad y hroggal leih imnea,
Agh goaill lane foddeeaght dv jei
Bleeantyn ayns peccah er vaarail
Nagh vod mayd oie fc a Jee iparail

O fod' mayd (Yeefey ghruihagh) 'chouit
Gys dty hirveifh, dy chooilley cor,
My nee oo agh yn fockle loayrt,
Gow mayd arrane leih bog ey mooar
Dy chooilley hengey moylley Jee
As lheim leih boggey vees dagh cree

Loy

Lour ayns y vean ain, Yeefey Creeft,
  As lhig dooin clafhtyn dty choraa,
Dhyts Ree ny noghyn ver mayd booife,
  T'er chofney dooin faualtys bra,
O lhig dagh annym jeh'n chioltane,
  Lefh boggey flaunyffagh 've hac.

O lhig dooin troggal feofe lefh bree,
  Lefh boggey flaunys er nyn ching
Goll foddey erfkyn yn aer gys Jee
  Dty fkianyn niartal troggal fhin;
As roie yn cooife gloyroil ain thie,
  As cofney'n niau fmoo-aid dy ghrail.

HYMN CXX

Surranfe.

JEE jeh my ven bee doa chymmoi,
  Jeeagh er my ftey l cha tuih,
Agh ta mee baioo roifh dty fovl,
  Cha baillym tallagh dt'oi

Chingys t'ou coyit fon dty harviant,
  Dy yannoon obbi ayd,
Cha buillym truhinys ny phrynt,
  Tra t'ou cur fmaght my raid.

Ny-veih t'ou lowal dou pieadeil
  Dy imlee ayns m'angaifh
Nagh by oull cha geyre, ta mee foilleil,
  As fhymley gys y vaafe.

Yn corp marvaanagh fhoh t'oi-creau,
  Myr bleayft dy aafhigh brifht:

My

My yinnagh oo agh lhie dty laur,
  Cha voddin cummal rish.

Ta m'aalid myr y duillag chreen,
  Lesh fowan er ny stroie ,
Ny myr y faftyr anmagh henc,
  Ta keayragh' gys yn oie.

Ny laphyn ain ta giare as goaun,
  T'ad lheie er-sooyl dy leah ,
Adam as carroo mooar e chloan,
  Myr jaagh goll roish y gheay.

She joarree mish ta goaill jurnaa,
  Myr m'ayraghyn va roym :
O jean mee aarloo son y traa
  Ne'oo shirrey m'annym voym.

Ny-yeih my veem er ny sparail,
  Agh tammylt smoo dy hraa ,
Dy inish dty phraih vees my chiarail,
  As moylley oo dagh laa.

HYMN CXXI.

O Ufs ta fakin roish 'ty oaie
  Myr soilshey'n laa, scadoo ny hoie
Teagh, ta mee geearree son ayd henc,
O brish dy chooilley gheuley jeem.

  Glen ass my chree, dagh broid as diof ,
As shickyree m'aigney gys y chrosh,
Dy vod dy chooilley nhee t'ayns shen,
'Ve cairagh myr t'ou hene, as glen.

My ragh'n er-fhaghryn void gyn-ys,
Ayns traa mee-riooie, as dorraghys,
Nagh faag mee Hiain fo laue'n volteyr;
Agh leeid mee er y chaflan cair.

My veagh ny tonnyn laik my vaih,
Lhooilley dy heighyn harrym roie,
Soilfhee dty enifh pys my chree,
'Trog feofe my chione, as gerjee mee.

Ga creoi as doillee, vees yn raad;
Cur niart dou corrym rifh my flayd;
Gys ver oo lefh yn troailtagh fhee,
Raad t'ouilley kiuney, bonney's fhee

H Y M N CXXII.

EAYN Yee, fne ufs yn prince dy dyhee,
She er dty hon ta m'annym paa!
Er fon dy ghrayfe dy imlee guee,
Jean mee fy jilloo ayd chaghlaa.

Gen foallaght, agh lefh aigney fheelt,
Ufs thie dou akin ayns dagh nhee,
As giaih hoit hen lhig dooys ve reilt,
Jeant glen as euherick, ayns cree.

Im vin agh pian ny gieimmey'n cill,
As teaghyn ladey m'annym fheele,
Un een lefh m enis dy warteil,
Le haurrarfe folley gird mee nefht.

As ga dy jeen yn fuhill eaghlaa,
Nagh llag dooys ufs dy biagh hreigeil,
Dy chefnadyn eur tiftey da,
As goll er dt enyit raad ne oo leeideil
                                    Tia

Tra ne'oo er Sion fhaffoo eifht,
  As ooilley niau fhirveifh ryr Ree,
Beem's dy gerjoil ec dty laue yefh,
  As ftyr veih pian cur gloyr da Jee

HYMN CXXIII.

TAR Hiarn, as cur dty vannag't doo
  Myr t'ou lane keayrtyn roie,
As jean y reayll mee er dagh cheu,
  Nagh jeanym peccah dt'oi

Jean mee 'fy chaffyn can I ideil,
  As treill mee fo dty fei
As bee er-gerrey dy endeil,
  Dy chooilley oie as laa

As hoods fon fauchys lhig dou chea
  Dagh peccah y hieigeil,
As ee yn eer co-chafly jeh,
  'Ve er my arrev prayll

Nagh lhig dou ufs dy biagh' aagail,
  Ny coovl cour rifh my Yee
Agh flane cur jerrey da rounil,
  Liorifh cur dhyt my chree.

O cur dou ree ti glen s noa,
  Ta lane dty ghuh gys Jee ;
Cha vel mee laceal eifht ve bio
  Agh cadley ayns dty hee.

H Y M N CXXIV.

KIONE dt agglifh heofe ayns flaunys,
  Dhyt ver myd booife lefh boggey,
    Derrey hig oo,
    Dv chooilley noo
My ainlyn, nee dy voylley,
Hoods troggal cree as lauevn,
As blafhtyn er dty vaynrys,
    Lefh flane nyn mree,
    Cur gloyr da Jee,
Ta er choyrt dooin fmaltys

Choud's ta fhin ayns y choirrev,
Goll trooid ny nooyn fneffey,
    Booife hool dy bra,
    Dtv ghruh da h laa,
Ta coyrt lefh fhin ny fneffey
Goaill bog ey nifh lefh yindys,
Jch n fhryfe ti er nyn fevrey
    Trooid giain dty vac,
    Ta fhi' n nifh huat,
Nee freayll fhin traa gyn jerrey

T'ou ufs leeidail dty phobble
Trooid moilaghyn 'fyn awgh,
    Chouds ne'oo fendeu
    Fegooifh dooytul
Roifh corree yn tranlafagh,
Gyn feihll, yn noid, as pecca'n,
Ta ftreeu dy ghoaill nyn mioys,

Lefh jecaghyn hood,
Hig mayd nyn droold,
As fingal arrane Voses

Troold credjue ta fhin fakin
Yn ghloyr ta cour air kiarit,
  As ayns fhoh wafs,
  Cui lefh ryn grofh,
Gys vees yn leagh fhen thayrit ,
As my ne'oo coontey feeu j'in,
Myr Stiaon va lane dy voggey ;
  Cieeft hee mayd eifht
  Ei dty laue yefh,
Gys niau dy goaill fhin huggey.

H Y M N CXXV.

TAR fhiuifh, ta nifh cumragyn do
  Goll trood yn aafagh, tioailt gys niau,
Ta gennacht laad yn eill ,
  Jairood fhiu nifh ayn feaghyn giare,
As jeeagh fhiu cooyl yn coan dy geir,
  Raia ta'n faualtagh reill

Afs rofhtyn towfhan eafh as traa,
  Jeeagh evs yn boayl dy vayrtys bra,
Raid ta nyn flaunyffee .
  Fr fkianyn credjue trog fhiu bieau,
As chioan fhiu fcofe gys yrjey n clieau,
  Dy chofney raad ta Jee

Adfyn ta furranfe er dty ghraih,
  Nee reill ayns gloyr kiongoyrt rifh dt'oaie

Nvi

Nyn lheid ne'oo Soiagh' jeu
  Ta horifh cred ue, cummal magh
Ergys yn jerrey firrinnagh
  Fo'n chrofh · nee'n chrown y cheau.

Three keayrtyn bannit ta'n treifhteil,
  Troggal yn fpyrryd ta failleil,
T'eh bioghey merriu neefht ·
  Bee n ftreeu ain harrifh ayns traa giare,
As fmuifh as mifh hed fcofe 'fvn aer,
  Ayns ooafhley marifh Creeft.

Cre'n fhilley mooar erfkyn dagh nhee,
  Gyn coodagh hee mayd eddin Yee !
Foodey s'gloyroil ny'n ghrian
  Lhicenev ny cooyrtyn flaunyffagh
Lefh kiaull dy voyllev fon dy bragh ;
  Ayns gloyr as foilfhey beayn.

Yn Ayr foilfhean foie er e ftoyl,
  Yn Mac co-beayn as cha gloyroil ;
As neefht yn Spyrryd Noo
  Coardail ayns cur dooin maynrys bra,
As tuit mavd fheefe cur ooafhley da :
  Lhieent lefh yn vaynrys fmoo.

As as treifht jeh fta d ta cha gloyroil ;
  Yeefey, dty chrofh nee mayd y ghoaill,
As dy feer imlee guee :
  Gys nee oo fhin chur lefh hood thie,
Dy ghoaill flane foylley jeh dty ghraih,
  As Jee ve dooin dagh nhee.

R.   HYMN

H Y M N CXXVI.

DA dt'ennym Yeefey ver-ym booife,
Ta feaghyn, aafh, as boggey neefht,
Dauefyn ta cur dhyt gloyr
Dagh nhee ta gobragh er fon mie
Eer dooys, ta cowrey jeh dty ghraih,
Drogh-yantagh goit gys foayr.

She ufs O Chreeft my chronney beavn,
As er dty ghraih nifh furanfe pian,
Agh cur dou fhilley plain
Jeh nhceghyn beayn as flaunyffagh,
Yn chrown ta freilt my chour dy bragh,
Ta trooid yn aer foilfhean.

Myr fmoo dy heaghyn currit dou
Smoo vees yn vaynrys aym ayns niau
My phian t'ou cur-my-ner,
T'eh goit ayns flane recortys ayd,
As gys my attey te rollage
Dy chooilley phian as jeir.

Myr fhen my nee oo goardagh' eh,
Lhig feaghyn eifht my chronney ve,
Dy gheddyn baafe dagh laa:
Nee'm goaill dy booifal rifh dagh niet
Cur lefh yn chrofh, ta troggal mee,
Dy reill ayns maynrys bra.

H Y M N CXXVII.

Saualtys.

YN yrjey ta fhin cur-my-ner,
Obbraghyn mirrilagh 'fyn aer,

Ny niaughyn follys foilfhagh' magh
Jeh pooar yn obbree yindyfagh :
Yn ghrian gyn fkeeys goaill jurnaa,
Ginfh magh e phooar dy chooilley laa ;
Dy baghtal foiagh' roifh fheelnaue,
Dy vel eh obbyr vooar e laue

As reefht ec dorraghys ny hoie,
Yn eayft er chaghteraght ta roie,
Da dagh unnane nee geaifhtagh r'ee,
T'ee foilfhagh quoi hug tofhiaght jee ;
Dagh corp dy hoilfhey mooar as beg,
Dy chooilley phlannet as rollage,
E fchlei t'ad foilfhagh' myr t'ad lheill,
Gys ardjyn fodjey magh y theihll.

As ga dy vel ad flane nyn dhoft,
Combaafal myfh yn feihll fhoh wafs,
As nagh vel ee'dyr goan ny glare,
Fud foilfha' hyn glovioil yn aer ;
Agh rifh iefoon t'ad baghtal loayrt,
S coraa feer ooafle t'ad dy choyrt,
"Laue Yee" t'ad gra, (dy chooilley nane,)
"Ren fhin y chroo," myr t'ad foilhean.

H Y M N CXXVIII.

HIARN ta mee credjal flane dty ghoan,
  As farkiaght oit ayns fhoh,
Ficau fon dty ghialdyn derrey yioym
  My niart jeant afs yn-noa.

Syn eill annoon my oddym ceau
  Foaft laghyn gys dty ghloyr ,

Ycefey,

Yeefey, cum fcofe yn corp t'er-creau,
   Lefh tiofhid roih dty phooar

My oddys lheid yn peccagh faafe
   E ven ordrail dy kiart ,
Cur dou (ufshrog nyn Jiarn veih laafe)
   Tou fe ymmyrchagh dy niart.

O jean fparail mee derrey ta
   Aym reefht dty ghraih biccoil ,
Credjue yn cree aym er chaghlaa,
   As m'annym flane gerjoil.

Dtv uill dy voddym foilfhagh magh,
   Ta veih dagh peccal niee ,
Booiagh ceau laghyn faghnagh,
   My veagh ch aigney Yee

Shicker t'ou abyl my hauail,
   Soilfhee oo hene my Yee ,
Jean ceau magh mac yn inney-veyl,
   As tar as gow my chree

HYMN CXXIX.

AYR, ta my annym jeeghyn hood,
   Ort ta my varrant lhie ,
Credjal dy fhicker dy nee void
   Ta cheet, dagh nhee ta mie.

Myf hin as griyfe dty ghiootyn eng,
   As creenaght t neefht, as pooar,
Fegooifh yn fpyrryd ayd ta fhiyn
   Cretooryn traih dy hooar.

C.

Cha vod mayd goaill un smooinaght mie,
   Ny fockle mie y loayrt,
Fegooish dty spyrryd hene, er graïn
   Nyn Jiarn, yn bannaght choyrt.

As she e uill ny lomarcan,
   Ta er nyn son ganfoor ;
T er gheddyn cooney er my hon,
   'S dagh annym er yn ooir.

T'ou gobbragh' ayns ny creeaghyn aïn,
   Dagh mie t'ou deayrtey lhcele:
Er son y slane jean cooney lhien,
   Dy chur dhyt moyiley s booise,

T'ou cur dooin pooar, hood hene dy ghuee,
   Ticoid Yeesey ta goaill rooin ,
Ayn syn ta ain dy chooilley nhee,
   As Jee ta ooilley dooin.

H Y M N CXXX

O uss, ren er yn chro'h paartuil,
   Kionnaght pardoon dooin lesh dty vaase
Nish vel oo abyl nyn sauail,
   As lhieeney shin lesh pooar dty ghrayse ;
Yn bannaght choyrt da dagh un ane,
I hieeney as catherickey yn slane ?

She er dty oural foalley hene,
   Er son dagh bannaght ta nyn dicisht:
Son she dty chro'h ta troggal shin,
   Gys slane saualtys girree scofe ,

                Ayns

Ayns fhoh jeant firrinagh ayns graih,
As eifht mecteil kiongoyrt iifh d'oaie.

HYMN CXXXI

NFE'M cur clafhtyn, cre nee'n Chiar
My-chione my annym loayrt !
Nagh vel gialdyn ayd er-mayrn,
   Dafyn ta' farkiaght ort ?
Nifh dy pooaral fhoilfhee e
   Gys my annym loayr yn goo ;
Voids nagh jean-ym arragh chea,
   Ny brafnagh oo ny fmoo.

Kys ta mee er haffoo magh,
   Noi eam dty fpyrryd mie ?
Lane dy rcon mee-vialligh,
   Er ftampey er dty hraih ?
Mooghey neefht yn foilfhey ayd ;
   Drifhey void, as dy aagail,
As da grayfe cha jinnin raad,
   Va naftee dy hauail.

Ga lurg dou v'er yannoo wheefh,
   Dy ciyrt oo voym er-fooyl ,
Foaft t'ou faikiaght ayns eirecfh,
   Neu-woo'agh dy chur cooyl :
Foaft cha vel mee faagit movie ;
   Agh t'ou faggys dy livrey,
Gra rhym chect, myr ren oo roie,
   Dy voddym geddyn bea.

O Eayn meen, as graihagh Yee '
   Aynyds cha vel jymmoofe ,

Agh yn ghrayfe ayd dy naftee,
  Ta er ny hebbal dooys .
Ta dty roighyn fkeaylt dy lhean
  Dy ghoaill peccee fey-ny-laa .
Uſs hur baafe fon dagh unnane,
  Bailt ooilley dy hyndaa

Ta mifh goaill oo ec dty ghoo,
  Credjal ny t'ou dy ghra ·
Keayney my loghtyn, fcarrey roo,
  Ga anmagh, hood chyndaa :
Hoods fon fauchys ta mee chea,
  Ooilley-niaital ta dty phooar ;
Dt'uill ta loayrt fheer afs my lich,
  Ta er my hon ganfoor.

HYMN CXXXII.

HIARN, ta mee credjal dy vel fea,
  Da'n pobble ayd er-mayrn,
As adfyn ta goaill foylley ich,
  T'ad giaihagh ort my Hiarn.

Fea, raad ta'n aigney ooilley foit
  Dy firrinagh er Jee
Peccah, as aggle torchagh, ftroit
  Ec graih, t'er lhieency'n cree.

O nifh dy vogh n yn bannaght mooar,
  Trooid credjue cofney eh !
Haualtagh foilfhee nifh dty phooar,
  Veih peccah cur dou fea !

·Gos

Gow ass my chree yn chreoghys shoh,
   Mee-chredjue jean y stroie,
Cur eeeys yn fea dy chredjue bio,
   Yn doonaght jeh dty ghraih

Soilshee dty ennym da my chree,
   Dty ghooghys neesht cur dou'
Cha vel mee laccal veg agh Jee,
   Veg ayns y theihll ny niau

Haualtagh tar, ee my choraa,
   Dy siyragh neofe veih niau'
Nagh furree voym my vaynrys bra,
   As uss hug toshiaght dou'

Tar neofe dy leah, Hriraid ghloyrol,
   Dy chummal ayns my chree,
As jen er-fooyl dagh nhee peccoil,
   As lhieen mee flane lesh Jee

H Y M N CXXXIII.

DTY uill ren roie dy heyrey mee,
   Dy bragh ta cur dou aash,
Te ooilley n gherjagh t'ee my chree,
   Son aym hur Yeefey baafe.

Yeefey hur baafe, my Hiarn ghrayoo',
   Farrane dy nice mee glen,
Jean mish y ghlenney lesh dty uill,
   As freill mee still myr shen

My nee oo mish y ghlenney Hiair,
   Beem lhiat as bee'oo u y Yee:
Nien cifht my chaffyn, as dagh ayrn,
   My laueyn, kione, as cree.

Slane bree dty vaase cur gys my chree,
Er derrey hee'm dty oaie ,
Treishteil ayns soylley coayl e vree,
As m'annym lane dy ghraih.

HYMN CXXXIV.

O Ghraih jean soilshagh oo hene dooys ;
Jean niartagh' nish my annym moal,
Paa, son cha jeanym mie dt'egooish,
Cur soilshey dou son ta mee doal :
My chree lesh trimshey nish ta lane,
My annym ching, O jean mee slaane.

My ghrian, m'endeilagh, as my lhaynt ;
O tar as bee dou feer ghraysoil :
My hreisht, my varrant, as my niart,
As t'ou my attey smoo gloyroil.
My ghraih as neesht my chronney t'ou,
Fer billey'n vea as maynrys niau !

She uss yn verchys follit shen,
Va choud gyn-yss da dagh unnane,
Creest kinjagh reill ayns cree ta glen,
Yn ennym serieut er y chlagh vane ;
Yn vioys shen ta cheet veih Jee,
As niau kion-fenish nish 'sy chree.

HYMN CXXXV.

USS vochilley ISRAEL Yee,
Lane boggey as taitnys oo dou,
Son ainjys ny sniessey rhyt, guee,
Son s'booiagh vein furrraght raad t'ou :

S.

(Ve maroo 'fyn aber meffoil,
  Ta biallagh da dty choraa,)
Ayns dt'oghrifh, faffagh' fheeoil,
  As coodit veih'n chiafs ayns y laa.

Jeeagh dou yn boayl maynrey my Yee
  Yn raad ta dty phobble goaill aafh,
Ny nooghyn ayns 'eunys dy hee,
  Goaill boggey ayns Yeefey hur baafe
O foilfhee nifh dooys, dty harvaant,
  Cre hur oo fon aym ayns yn eill.
As 'lefh mee gys CALVARY mayrt,
  Dy hurranfe, as lurg fhen dy reill.

Ayns fhen dy ve marifh ny eayin,
  My Vochilley dooie cur dou kied,
As jean mee y affagh' dy keayin,
  Dy kinjagh rifh faftee yn chreg :
Gys fhen ta mee fhirrey dy chion,
  Dy voddym ve follit ayns Jee :
'Sy lhiattee va tholl't er my hon,
  As cummit dy bragh ayns dty chree

HYMN CXXXVI.

MY Yee ! t'aym fys dy vel mee lhiat,
  Nee'm kinjagh cummal fhoh,
Derrey ayns Jee veem ooilley cail't,
  As flane jeant afs-y-noa,

Cre'n tra, Haualtagh, hig yn oor ?
  Ne'oo foiagh' ayns my chree
Spyrryd dy vioys as dy phooar,
  Dy reamys, as dy hee.

Yeefey,

Yeeley, dty ghraih nagh jean fuilleil,
  Jean skeayley ayns my chree !
S cha jeanym oo ny smoo hendgeil,
  Cha shickyr shen ayns Jee.

Dty ghraih ta coyrt yn varriaght,
  Cur niart dagh peccah fo,
Yn peccah shen t'er shyn my 'maght,
  As croo mee ass-y-noa.

Hiarn, lhig dy aile breeoil dy ghraih,
  Foaddey ayns m'annym nish
Yn drofs dy yeearree olk y stroie,
  As lheie ny sleityn sheese

O nish dy duittagh eh veih niau,
  'S my pheccaghyn y stroie !
Tar Spyrryd Noo, cur clashtyn dou,
  Ta ncofe ayns aile dy ghraih.

Gow trooid my annym, ghraih yn Chiarn,
  Lesh soilshey ayns my chree,
As skeayl dty vioys trooid dagh ayrn,
  As jean uss casherick mee.

Peccah as trimshey hig gyn brec,
  Tra veem goit stiagh gys fea
Beem's ynrick bio dy voylley Jee,
  Jee dy bragh bannit eh.

Cha jeanym dobbran ny smoo,
  Tra veem jeant glen trooid grayse:
Agh jeean dy ghloyraghey m er-croo,
  Still fakin gloyr e vaaih.

HYMN

HYMN CXXXVII.

O dy beagh laad my pheccah jeem'
　Dy voddin crommey injil fheefe ;
Ec caffyn Yeefey ceau mee henc,
　My annym' lhie ec caffyn Chreeft.

Son ayd ta m'annym nifh imneagh :
　Haualtagh my t'ou hene my Yee.
Cur dooys dty aigney imlee feagh,
　As cur dty yalloo er my chree.

Veih'n whing dy pheccah t'orrym lhie,
　Hiarn, cur flane reamys da my chree.
Gyn fea gys veem flane glen cheu-fthie,
　Derrey veem caillit flane ayns Jee.

S'booagh vein geiyrt ort, Yee ghrayfoil,
　Goll trooid dagh feaghyn as angaifh ;
Cur lefh yn chrofh ta dhaait lefh fuill,
　Eer laboragh dty ghraih ayns baafe !

Baillym , agh O cur hene dou pooar !
　As veih dagh peccah jean my niee
Cur lefh er-gerrey nifh yn oor,
　Veem lhieent lefh boggey as lefh fhee

Tar Hiarn, lefh gerjagh ayns my chree,
　Nagh lhig da'n fainagh ayd cumrail
Agh foillfhee nifh oo hene my Yee ,
　O tar, as jean mee nifh hauail

HYMN

H Y M N CXXXVIII.

YN Chiarn nee'n aber aym'ordrail,
  Yn bochill mie ghow's jeem kiarail ;
Cha vaag eh mifh ayns feme erbee,
  Lefh lane kiarail t'eh coadey mee ,
Sy laa my chefmadyn leeideil,
  As fud ny h'oie nee eh fendeil.

Dy beign failleil lefh chiafs yn laa,
  As er yn clieau ve faiynt as paa ,
Yn boayl veagh druight, as palchey mefs,
  Yinnagh eh'n fhaghrynagh chur lefh ,
Yn boayl ta awinyn roie dy kiune,
  As aber vie ry-gheddyn ayn.

Ga, coan y vaaifh dy beign goll trooid.
  Coodit lefh atchim, as lefh dooid,
Shee cha vod jannoo fkielley dou,
  T'ou Hiarn, dy kinjagh er my heu
Dty lorg fheeoil veagh, cur cou fea,
  Veih dooyt as aggle, flane livrey.

Er caffan garioo dy beign goll',
  Sv'n aafagh feayn my raad y choayl ,
My hee'n agh fhilley jeh e vaaifh,
  Yn aafagh yinnagh gennal gaafe ;
As meffyn blaaghey fiyragh dou,
  As ftrooanyn reiyral er dagh cheu.

H Y M N CXXXIX.

CREEST, er my hon ren furranfe pian,
  As t'eh er chionnaght mifh ;

Dy

Dy voddin geddin ayn bea veayn,
  As ve un fpyrryd rifh

Booife dy row hood er fon dy bragh
  Son flane dy vannaghtyn :
O Ihig dou dty ghraih flaunyffagh,
  Dy flane y ennaghtyn.

My Annym geearree jeean fon Jee,
  Dy chofney bannaght veih ,
Myr ooilley loffey ta my chree,
  Son foylley flane jeh' ghraih.

Ny giootyn ayd, fegooifh oo hene,
  Cha beagh aß maynrys dou ,
Dt'enifh ta jannoo maynrey jeem,
  As raad ta Jee ta niau.

HYMN CXL.

YN Chiarn ta rifh my Hiarn er ghr
  Soie feofe ayns ooafhley vooar,
Gys nee dty noidjyn ooilley craa,
  As crommey roifh dty phooar.

Yeefey, my Hiarn, feer niartal t'ou,
  Quoi ver my hreifht gyn vree,
Trì ta my charrey loayrt ayns niau,
  Ny hoie ec laue-yefh Yee ?

Cha vel mee agglagh roifh toyrt-moy,
  Ny baafe t'er choayl e vree
Fardail da'n noid cur miolagh dou,
  Son Yeefey ta my Roe.

rouds ta dooghys crommey sheet,
eeu jch dagh ooashley t'ou,
n ooilliu-niartal reiltagh wheesh
r niurin, ooir, as niau.

ean my pheccah shassoo magh?
Gow dt'eiraght hene my Yee,
Oh, nagh lhig da n noid dy bragh,
Reill mee ayns ayrn erbee?

r eisht, as gow mee ayns dagh ayrn,
Nagh taag mee ta mee guee,
ie soose dy stoyl as reill my Hiarn
Dy linjagh ayrs my chree!

lg sheese dagh noid ta foast er-mayrn,
Cur dooys slane reamys voue;
s loayr ayns ooashley ard my Hiarn,
My ghooghys olk cur mow.

r shen nee'm soiagh jch dty reill,
As ec dty chassyn lhie,
a slane dty leighyn ver-ym geill,
Leih m annym er cheu-sthie.

yr Shen nee'm jannoo aigney Chreest,
Myr ta ny flaunysee:
s soillshee'm bree dty hurranse neesht,
Yn bragh t'erskyn dagh nhee.

n varriaght, t'ayns Creest my Yee
Da dagh unnane nee'm ginsh:
a Yeesey, Chiarn erskyn dagh nhee,
Croym shiu ee ennym Creest.

Niurin

Niurin as ooir nee crommey royd,
  Dagh noid nee coayl nyn mree,
As baafe eh hene hed naardey foyd,
  Ayns ooilley t'ou ufs Jee,

HYMN CXLI.

HAUALTAGH Yeefey cur anfoor,
  As cur hym cooney veih dty ftoyl,
As glen my chree veih graih yn ooir,
  'S fow aarloo coui ayd hene, yn bommyl

O lhig da dt'enifh gerjagh mee,
  As gufhtaghey mv annym paa,
Ta geearree fhoh erfkyn dagh nhee
  Dy veaghey ort, dagh oie as laa.

Son nhee dy vod yn feihll fordrail,
  Cha jeanym aigney y chur da,
Rifh feihll dy voirey as fardail,
  Royd lefh dy ribbaghyn, nee'm gra,

Nee'm giyrt dy jeean da'n chaffan mie,
  Ayn nee oo foilfhagh dou dty chrayfe
Chamoo nee'm arragh loayrt jeh graih
  Agh jeh dty ghraih's hur fon aym baafe

Nagh lhig da'n noid veih'n traa fhoh magh
  Cleayney er-fooyl void hene my chree,
Son dhyts t'eh cair, eifht roll by bragh,
  My Hiarn, my Vamfhter as my Ree.

Berchys as ooafhley, ftayd ny pooar,
  T'ec feihll neu-hickyr dy chur veih;

Fokte

Foddee fhiu miolagh, neem's ganfoor,
  She Creeft, ta m'annym flane dy reih,

Dhyts ver-yms graih as cer dhyt hene,
  Lefh taitnys glen as feer fheeoil ,
Dy hoiggal ufs ve foiagh' jeem,
  My Yee, cre'n ftayd ta cha gerjoil'

Cha nee fon berchys ta mee geam ,
  Agh fkeayl yn ghraih ayd ayns my chree:
Cur dooys yn bannaght ta mee feme,
  Eifht ver-ym feofe dy choouley nhee

H Y M N CXLII.

NAG lhig da dooinney bio boaftil
  fs troffid, ny afs mooads e cheayl,
Cnamoo ayns berchys cur treifhte l,
  Ti lheie er-fooyl nagh vod eh reayll.

E mait dy injil currit lefh,
  As fhen ayns bleeantyn giare oy hraa,
As ere vel ooilley 'chreenaght eifht
  Tra nee yn joan gys joan chyndaa ?

In annym ta er Jee cur enn,
  T'ch feyr, as maynrey ceau e hraa
Ayns fuill yn Eayn t'eh nicet dy gler,
  As fhoh ta oyr dy vogaey da

Dan Chiarn my chairys ver-ym booife
  Er fon e ghraih nagh vel caghlaa ,
Grayfe, creenaght, niart, as berchys neefht
  Ta aym ayns Creeft er fon dy bra.

T.   HYMN

HYMN CXLIII.

CHOUD's nee oo traa chur dou,
Lhig dooys ve bio dhyt hene,
Myr ainlyn heofe ayns niau,
Dty aigney y choodlleen
(Imneagh dy yannoo aigney Yee)
As cur dhyt graih lefh flane my chree.

As tra ta obbyr grayfe
Ayns m'annym flane jeant mie,
Jean kionneeaght dty vaafe
Gys gloyr y cur lefh thie ,
As jean leeideil mee fauchey trooid,
As gow my annym maynrey hood.

HYMN CXLIV.

MY Yee, my vea, my ghraih,
She hood, fhe hood ta m'cam ,
My ver oo cooyl cha jean-ym mie,
Son fhe oo flane ny t'aym.

Yn ghennallys t'er dt'oaie
Te gerjagh da my chree ,
Te niau dy cnnaghtyn dty ghraih,
Dt'egooifh ere fheagh dagh nhee ?

Cha vod yn ooir ny'n aer
Un gherjagh chur er m'ayrn ,
Cha vel aym bine jeh'n vaynrys cair
Fegooifh dty enifh, Hiarn.

She oo ta ftoyr my vian,
Rad ta my vaynrys bia ;

My aigney foiagh royd e pian,
  My annym hood chyndaa.

My fpyrryd ta cheet hood,
  Cheet hood lefh yeearree jeean ;
Ny-yeih feer foddey ta mee void,
  Cur lefh mee gys my vian !

HYMN CXLV.

AS vel my chree cha creoi
  Nagh fcar-ym rifh dagh nhee ?
Nagh der-ym cooyl rifh boggey'n theihll,
  Dy vow my Yeefey mee ?

O ta mee nifh chyndaa,
  Cha voddym cummal magh
Dty ghraih ayn baafe t'er eignagh mee,
  Ta ayd flane barriaght

Ga anmagh flane treigeil
  My chaarjyn as dagh nhee,
Grayfoil er-kionnee jean mee ghoaill,
  As fhick're dou dty hee.

Tar, gow mee afs-y-clane,
  As jean ufs jeem dty hie,
Shickyree dou dy vel mee lhiut,
  As foilfhee dou dty graih

My ynrick veearree ta
  Dy ennaghtyn dty ghraih,
Cha baillym arragh er yn ooir,
  Son fhe oo bun y vie

My

My vioys, my chronney oo,
T'ou fondagh ayns dagh nhee
Oo my hreilhteil, my verchys bra,
O tar as gow my chree.

H Y M N CXLVI.

TRA t'ou my annym er ghoaill baght
Jeh Jee, as e eriecifh,
Kys eifht chree feavr nagh brifh oo magh
Ayns yindys, graih, as booife.

Dty choadey's Yee, ren freayll mee bio,
As hug oo dou dagh nhee;
My ruggyr mee veih brein my voir,
As reefht er breaft ny kee.

Dagh accan traih my row aym glare
Cha ren oo ad yarrood,
Roifh hoig my fmooinaght aeg annoon,
Dy yannoo padjer hood,

Gyn carroo ta ny bannaghtyn
Ren dty chiarail chur dou;
Roifh va mee foaft er jeet gys eafi,
Dy ghoaill baght cronnal jeu.

T'houfane thoufane dy ghiootyn mie,
Ta Jee cur dou dagh laa,
A gerjagh eh dy vel aym cree
Nifh dy chur moylley da.

Bee'm booifal da veih laa dy laa,
As fhen choud as vee'm bio,
As luig my vaafe, 'fy theihll ry-heet
Nee'm moyll' eh afs-y-noa.

\ee'm oo y voylley fon dy bragh,
Fr fon dty vyghin vooar ;
\ h beaynid hene ta toddey giare,,
Dy chur dhyt glòyr dy liooar.

HYMN CXLVII.

O ER fon cree dy voylley Jee,
Cree feayfhlit feyr veih cron,
on cree dy ennaght bree dty uill,
Va deayrtit er my hon.

\ree beafagh biallagh, as meen,
Stoyl Yeefey \nryean ,
s \nric Creeft dy ve ayn loayrt,
As reill ny lomarcan.

\ree imlee, injil, arrvffagh,
Lefh credjue cooie as glen ,
\ree nagh vod bioys n baafe' hyndaa
Veihfyn ta reill ayns fhen.

\ee ta caghlaait, crooit afs-y noa,
Ta lhient lefh dty ghraih veen ,
a creeney, cairagh, glen as mie,
Luig cummey'n cree ayd hene.

\ chree's ta meen, as gyn caghlaa,
Chymmoil da peccee hreih ,
\ chree's ta fcaghnit oie as laa ·
Sou tufhtey jeh dty ghraih.

\ chree's dy bragh cha bee ee aaſl ,
 Er derrey yioym dty hee ,
errey yioym ieefht dty phargys Chreeft
As glen veih loght my chree   Cui

Cur dooys dty ghooghys Hiarn ghrayfoil,
  Tar tappee veih dty hie
Dy ſcrieu dty ennym er my chree,
  Dty ennym ſhare dy ghraih.

HYMN CXLVIII

CUIN, Hiarn ghrayfoil cuin odd, m, ch
  Dy vel mee ſlane lhiat hene dy bra
Cuin yioym ſlane towſe dty ghialdyn vie,
Cuin yioym yn eearlys jeh dty ghraih

Myr lhiannoo doal ta mee rouail.
Jerkal dy jig oo hene my whail,
Foſhil my hooillyn as my chree
Dy hoiggal bree dty ghoo, my Yee.

Uſs, unrick uſs, baillym ve aym,
Truig-ym yn feihll as ſhen ny t'aym,
Cur dou oo hene, cur oo hene dou,
Roiſh nhee dy vel ayns ſhoh ny niau

Tra yioym livrey veih'n roih dy vrou
Nee m'annym, Yeeſey getlagh hood,
Yeeſey, luig dou v'er choayl dagh nhe
Nee m'annym lhie er dt'oghriſh, Yee

Ga dy beign treigit ec y fleih,
Cha jean oo gobbal dou dty ghraih;
T'ou booiagh goaill riſh fer erbee,
Dy jean chyndaa dy ghoaill rhyts, Yee

Ga broghe, cha jean-yns eiſht dooytui
Shickyr cha jean oo m'y hreigeil,
Cha der oo cooyl riſh boght erbee,
Ta gearree dy heet hood, my Yee.

Hia

Hiarn, ta mee ching, O cur dou couyr,
Iarn, ta mee boght, O cur dou ftoyr ·
Irn, ta mee loobey fe dty laue,
Uvrey yn peccagh boght afs gaue.

Hiarn, ta mee doil, cur foilfhey dou,
Ta mee annoon, bee er my heu,
E.-coonee da'n unroomagh bee,
Un flane my annym as my chree.

HYMN CXLIX

CHA vel mifh naaragh goaill rifh Creeft,
  Ny dagh nhee chur fo chofh,
Ny c'leaie ny otbym gloyr e ghoo,
  Ny fcammylt 'chur da 'chrofh

Eefey, my Yee ! O fhone dooys ch,
  Ayn ta my flane treifhteil
My annym ta cur barrant er,
  Cha jean eh m'y hreigeil.

Eer ta e ghialdyn as e ghoo,
  Ta echey pocar as bree
Dy reayll fhen hreifht mee ayns e laue,
  Gys laa mooar briwnys Yee.

Nee eh goaill rhym kionfenifh 'Ayr,
  As mayniys ver eh dou,
Ver eh dou ayrn ayns e reeriaght,
  Yn vaynrys nagh jed mow.

HYMN CL.

TAR, Hiarn, cooin lhiam dy ghoaill
      boggey,
Ayns teifht dy glinn-ym aty choraa,   Un

Un laa d'akin my Yee,
Dy scuir veih ooilley my pheccah,
'Loaghtey as blaflityn goo yn vea ;
   As gennaght fuill y chee

Cha beeyms fti'l ayns trimfhey ceau,
Ny fhirveifh oo Jec naçh nione dou,
   Açh bee'm bio dy hoiugal
Aafh dty phobble, taitnys yn chree,
Lhiurid, lheead, d'unid as yrjey,
   Graih Yeefey dy hauail

Goaill boggey nifh liorifh credjue,
Shaffoo, as veih muliagh yn cheau
   Fakin yn cheer dy ghrayfe,
Awinyn dy vainney as dy vill,
As meffyn Phargys ta ayn ftill,
   Ayns palchey vooar t'ad gaefe

Cheer dy arioo, as feeyn, as ooil,
Lurg aigncy Yee goit dy foayroil,
   Lefh dagh barnaght bannit,
Ayns fhen ta'n Chiarn nyn ynrickys,
Te freayll e chloan ayns fhee as grayfe,
   As aafh dy braçh tannaght

O dy voddin ee keayrt goll fcofe,
Gyn fuiraght er cheu fhoh jeh'n vaafe,
   Agh nifh dy ghoaill yn cheer,
Jeirey chur er my vlecantyn nifh,
Peccagh, aggle, dooyt, as angaifh,
   As faafagh follym feayr.

Nifh, O my Yeefey gow mee ftiagh,
Ceau magh dty noid yn peccah broghe,
Yn aigney hciltagh ftroie,
Toichinys dty vaafe cur dou myr gioot,
As, O maroo ta caihciick,
Cur dou cronney dty graih.

H Y M N CLI.

DHYTS ver-yms ghraih, my niart, my
    hoor,
Dhyts ver-yms graih, my voggey's crown,
Dhyts ver-yms graih, lefh my fline pooar,
Ayns dagh obbyr, as cur dıyt heir,
Dhyts ver-yms graih, deriey neu y 1ine
Dy ghruh lhiceney my annym lane

As va mee choud gyn tufhtey jeeu
Uts s'graihagh maftey cloan Jerney?
Ah' kys nagh dunk mee nys loic hood
Oo hene nyn aafh ayns ingh tienThey,
By trimfhey s nearey t'er ny chree
Dy duirree mee choud vo d, my Yee.

Er finghyryn jeh in aigney hene,
Smirrey fon ayd, ny-ye h goll roym;
Sy fmooinaghtyn va fkeaylt dy lhean,
Graih huo mee da dty chretooryn.
Ah my ta mee ny fmoo fikin.
She trooid Jty hoilfhey te, O hiern.

Iafe dy row hoods ta cred ricau,
Dyvel dty hoilfhey er jeet hym,
        V.   Booife

Booife dy row hood ta er chur mow
My noid, 'ser flaanagh my annym ·
Booife dy row hood fon dty choraa,
Ta gra rifh m'annym goaill boggey

Cum feofe mee ayns y traa dy ghooyt,
Nagh lhig dou goll er-fhaghyryn ,
My chefmad martee dy heet hood,
Kinjagh dy ghoaill y raad dy chion ,
M'annym, my eill, O Hiarn, my vian,
Jean magh lefh foilfhey flaunyfs hene.

Cur jeir gerjoil dy my hooillyn,
Cur Yeearree jeean nifh ayrs my chree
Cur da m'annym, lefh aggle meen,
Yn ghraih fhen t'ec ny flaunyffee,
Dy vod my mart as my flane pooar
Ve kinjagh foilfhagh magh dty ghloyr

Dhyts ver-yms graih, my voggey's crovr
Dhyts ver-yms graih, my Hiarn my Ye
Dhyts ver-yms graih fo baggyrtyn,
Goyms boggey mooar fo lorg my Rec,
Ga failys m'eill ayns fhoh lurg traa,
Dhyts ver-yms graih er fon dy bra.

HYMN CLII.

Son Shyfhaght Ny Nooghyn.

ER jeet dy cheilley afs-y-noa,
Dy hebbal bioofe da'n Chiarn ;
Cre'n yindys eh dy vel fhin bio,
Fud whilleen gaue er-mayrn ?

Dy

Da'n Jee ta choud er nyn fparail
  Lhig dooin cur gloyr as booife :
Ta coadey, as goaill j'in kiarail,
  Ayns mean dangeyryn wheefh.

Dangeyryn ta afs fhilley fooill,
  'S fhen ver mayd taftey da,
Yn chramp 'fy dorraghys ta fhooyl,
  As ftroider y vun-laa.

O trog-jee nyn goraaghyn feofe,
  As lhig dooin voylley eh ;
T'er eam fhin veih yn dorraghys,
  Dy hooyl ayns raad y vea

Lhig dooin coyrt movlley fon e ghrayfe,
  Erfkyn dy chooilley nhee,
Dv daink nyn Jiarn's dy hur eh'n baafe,
  Dy choardail fhin rifh Jee.

O lhig dooin lefh un aigney prayll,
  Er fon eh Spyrryd mie ,
Dy jean eh fhin 'fy raad leeideil,
  Gys nee mayd rofhtyn thie.

Ayns fhen cha bee pairtail dy biagh ;
  Agh marifh flaunyflee,
Goaill jeh ny meffyn flaunyffagh
  Dy bragh, as moylley Jee.

HYMN CLIII.

ROISH ftoyl yn ooilley-niartal Jee.
  Croym-jee chloan deiney imlee fheefe,
Goaill

Goaill rifh dy ve nyn Jiarn, as Ree :
   Ren croo, as oddys ftroie fhin reefht

Eh ren nyn groo, hug dooin nyn mioys,
   Marifh dagh olt, as gioot ta mie ,
Myr kirree-cailjey fkeayl fhin voifh :
   Agh ren eh reefht 'chur lefh flin three,

Lefh kiaull dy voyllev, as toyrt-booife,
   Stiagh er dty ghiattyn nee myd goll,
As jeih thoufaneyn chengey, vees
   Lhieenney ny cooyrtyn ayd lefh kiaull.

Dy chraih ta farraghtyn dy bra,
   Ynrick, as fhicker ta dty ghoo,
(Myr creg nagh vod ve er ny chraa)
   Tra nagh bee traa, ayns fhoh ny frroo.

H Y M N CiIV.

TAR fhiufh ta er jyndaa
   Er Sion heofe nyn gree,
Ayns Creeft, lhie dooin dagh traa
   Meeteil dy voylley Jee,
Ayns Creeft, lhig dooin nyn mea keeidel,
Gys nee mayd myfh e ftoyll meeteil

   Ny fmeffev ta fhin cheet
     Gys cheer ny Ajunyffec
   Yn boyley caffenck,
     Peayl fea dy tronltee fhee ,
Jerusalem ta er-nyn-fhyn,
Yn boayl dy ghiaih, nee farraghtyn.

Shi'yn ta nyn cloan da Jee,
    Yn seihll shane feoh cur da,
Gys ynnyd ard-veaghee.
    Lesh kiaull gherjoil chyndaa,
Still goaill jurnaa lesh niart as bree
    As bo gyv flaunyss ayns nyn giee.

Trooid credjue bio ayns Creest,
    T'ain kinja h boggey's ajth,
Lurit veih peccah reesht,
    Veih nannin pi n as baase.
Ta shin nish goll ys thie n, n Ayr,
Dy veetoil Yeesey Creest nyn Mraar.

Nyn Mraar, as Saualtagh,
    T'eh dooin dy chooilley nhee,
As ad ta firrinagh,
    Hee eh lesh gerjagh eree.
Hee mayd eh marish ooilley chloan,
Ayns niau bee shine nyn chon ree kione

HYMN CLV.

TAR shiaulhig dooin lesh un chree
    Arrane-molley ghe u'l gys Jee.
Lhig dagh annym nish coull nia,
Ayns cur gloyr da Creest nyn Jiarn
Iaueyn, creeghyn as corin
Hroggal dy chur molley da
Boggey flaunyss, viow myr veih,
Cuirra hyn gerjoil dy ghroih

    Lhig, dooin lesh un aignys shicey,
Lh'n un spyrryd bannit jiu;

Jeean.

Jeean, myr va ny credjuee
Hur yn baafe er graih Mac Yee,
Eait, dy veaghev myr ad fhen,
Graihagh, maynrey as cha glen ;
Credjue bio ayns Yeefey, ta
Sauail fhin, veih'n chorree vra.

Creeft ta'n Un er jiu as jea -
Lhig dooin kinjagh' voylley eh :
Cour ain ooilley ayns dagh laafe
Creeft ta kinjagh lane dy ghrayfe :
Shi'yn fon Creeft ta fhafloo jiu,
Soilfhey ayns cheer ta fo fcadoo ;
Goaill rifh Creeft er fon nyn Ree,
Shi'yn ta feanifhyn fon Jee.

Feanifhyn jeh furranfe Chreeft,
Er nyn groffey marifh neefht :
Pooar, y vaaifh ta echey briifht,
Liorifh er nyn mioghey nifh :
Ayns ard ooafhley t'eh er hoie,
Huggey ta nyn greeghyn roie ,
Gloyr dy bragh mygeayrt y myfh ,
Shi'yn ayns graih freayll fhefhaght ny

HYMN CLVI.

MY Vraaraghyn deyi,
Ta troilt gys bea veayn ,
Dy naftee jeant feyr,
Trooid furranfe yn Eayn
Son ain cha row toilliu,
Ny creenaght, ny niart ,

Agh geddyn ad ooilley
  Trooid Creeft ghow nyn baart.

Cha nee lane fleih mooar
  Ta foiagh jeh'n cheb,
Ta feallagh ayns pooar
  Jeh'n raad coontey beg
Cha jean feallagh lajer
  Goaill rifh dy ve faafe ,
Ny fhirrey ayns padjer,
  Saualtys trooid grayfe.

As myr fhen ta Jee
  Yn fooilhagh er reih,
Er hoilfhagh e hee
  Eer dooin va cha treih ;
Tra va'n vooinjer chreeney
  Er nobbal dy heet,
Va dreighyn dy gheiney
  'Syn ynnyd oc cit.

Shi'yn boghtyn dy leih,
  Va beg coontit j'in ,
Agh Creeft t'er nyn reih,
  'S er ghoaill fhin da henc
Son gloyr as fon maynrys
  T'eh jannoo fhin cooie ,
Cur lefh hooin faualtys,
  As goaill rooin dy dooie

T'eh Ree as Phadeyr,
  As Saggyrt dooin neefht ,

Ebig

Lhig dooin myr te cair
    Cur moylley da Creeft ;
Mee-hufhtee t'eh gynfegh,
    Nyn lhoid t eh dy reih ,
Dy voddagh ad foilfhagh,
    Eer berenys e ghraih.

Yn troailtagh ta fhooyl
    Yn caffan gys bea ,
Cha Bashtal da'n thooill,
    Cha 'hiafs da goll jeh,
Yn ere huc i h senes,
    Yow connaght jeh Jee ,
Jeh ghraih yiow eh foylley
    Myr ewin ayns e chiee

HYMN CLVII.

GLOYR eys nyn Jiarn t'er chionnaght fin,
    T'er fnenmey 'nin ayns grayfe,
As gra rooin menniek cur meeteil,
    Dy vod mayd aynfyn gaaie.
Dugh braar t'eh gra rooin choyrlaghey,
    Yn goo yn'a h daue,
Dy vod yn flane ayns grayfe y Chiarn
    Goll coonjagh laue ry I ue

Yn gerjagh fhen t'eh cur da 'nine,
    Lheid baillin 'enna ht veih,
As nee e 'ghrayfe y chui din elaane,
    Ayns fhcoanyn dy ghraih
Eer r'th en fmoo naght an unranc,
    Ta an yn un ch'arul,   Ayns

Ayns fhirveifh Yeefey ta dagh cree
  Ta ayns fhoh er choardail.

She boggey 'nane ta boggey'n claane,
  As gennaght yn un fhee,
Yn fhee fhen ta gyn-yfs da'n feihll,
  Yn boggey t'ain ayns Jee :
As my ta'n fhcfhaght t'ain ayns fhoh
  Rifh Yeefey cha gerjoil,
Lane s'maynrey vees mayd lurg y vaafe,
  Tra hee mayd eh gloyroil.

H Y M N CLVIII.

TAR ufs Hiarn, ayns gloyr t'ou reill ;
  Keayrt dy ghooiney ayns yn eill :
Lhig dooin fakin foilfhey dt'oaie,
Tar gys cooney boghtyn treih,
Ta fhin jerkal rhyt dy heet,
Gys ny cuirraghyn t'ou eait :
Kiartee cour ayd hene dagh cree,
Skeayl roin board, dy vod mayd gee.

  Aynyds Yeefey, er veeteil ;
Son dty yialdyn ta fhin prayll ;
Nifh ayns dt'aalid jean foilfhean,
Soilfh e on henc ayns y vean ·
Bannee fhin lefh glennid cree ;
Lane jeh'n fpyrryd lane dy hee ;
Jean dty yialdyn 'yannoo mie,
Cur dooin cuirraghyn dy ghraih.

  Lhig dooin bifhaghey as gaafe
Ayns dagh gioot as mefs dy ghrayfe :
      W.   Credjue,

Credjue, graih, as boggey lefh,
Sheeltys, as dagh nhee ta jefh ;
Cur dooin dt'aigney imlee hene,
Surranfe-foddey, dooie as mcein ;
Inj'lid firrinagh ayns cree ;
Lane dy vieys, lane jeh Jee.

Aynyds, lhig dooin aarloo've !
Dy chur lefh fhin feofe gys bea ;
Marifh yn chioaltane t'ou reih,
Feeu dy haffoo roifh dy oaie ,
Eie fhin gys yn vaynrys beayn,
Thie gys fhibbyr banfhey'n 'Eayn ;
Lhig dooin er dty oghrifh lhie,
Geddyn cronney beayn dy ghraih !

H Y M N CLIX.

L HIG dooin goll gys yn aer,
My vraaraghyn deyr,
As booife chur da Jee fon y laa ;
  Lhig dooin laue-ry-laue
  Goll fiyragh gys niau :
Lefh fingal gys SION chyndaa.

  Yn ftoyr ain ta heofe,
  Ny n'ghraih as nyn dreifht,
Nyn girp fud yn feihll noon as noal :
  Cloan chionnit yn' Eayn,
  Dy choiney bea veayn,
Lefh fingal gys PARADISE goll.

  Lefh taitnys cur booife,
  Son graih Yeefey Creeft,

N y

Nyn mioys cur dooin as dagh nhee ;
 Son giootyn cha feoilt,
 Te cairagh dooin coyrt
Gloyr, moylley, as ooashley, da Jec.

 Son dty ghloyr ta shin crooit,
 Dy ghoaill ayrn ayns dagh gioot,
Chammah dooghyfagh as fpyrrydoil :
 Agh crooit afs-y-noa,
 Mayrt hene dy ve bio,
Ayns fhoh, as 'fyn eiraght gloyroil.

H Y M N CLX.

FEYSHT fhin O Yee ; as ronfee grunt
 Dagh cree ta foaft peccoil ,
As my yiow aynin loght erbee,
 O niec yn flane er-fooyl.

My ta fhin goll er-fhaghryn,
 Ny faag gyn cooney fhin ;
Agh liced ufs reefht nyn gefmadyn
 Thie gys yn fhee ayd hene.

Cooin lhien dy chooney lefh nyn mraar,
 Ayns fcaghyn goaill rifh ayrn ;
Dy choyrlagh' eh, dy vod eh ve
 Ny harvaant dooie dhyts, Hiarn.

Jean cur dty vannaght er nyn goyrle,
 As cur dooin yecarree jecan ,
Niartee nyn gredjue as nyn druifht,
 As lhieen fhin lefh graih veayn.

Lhig

Lhig dooin gaafe feofe hoods ta nyn gione,
  Jean' chroo fhin afs-y-noa,
Dy vod mayd nifh' ve feyrit liort,
  As glen gyn cron ayns fhoh.

Eifht tra ta'n obbyr niartal jeant,
  As flane, nyn beecah maiht ;
Gow fhin gys niau as cur dooin ayrn,
  Marifh dty vooinjer reiht.

H Y M N CLXI.

Son yn Aarkey,

OBBYR y Chiarn 'fy diunid heefe,
  As pooar e laue ghloroil,
Jeh fhoh nee deiney dunnal ginfh,
  Ta er yn aarkey goll.

Yn gheay t'eh farev, ta cur er
  Yn keayn myr tuoryn gaafe ;
Deiney ta troggit feofe 'fyn aer,
  'S goll fheefe ayns lhiaghtyn baaifh.

Ny fleityn ufhtey t'ad goll noi,
  Agh fheefe reefht er ny cheau ;
Myr dooinney mefhtal er ny heiy,
  Leayftey veih cheu dy cheu.

Ny tonnyn freaney's fcoltey moo,
  Feer agglagh t'ad jeh gaue :
Yn purt ta jeeaghin foddey voue,
  Agh baafe feer taggys daue.

Gys Jee t'ad geam ta cur-my-ner,   As

As clashtyn nyn goraa ;
Teh cur magh farey trooid yn aer,
'S ta ooilley kiune chyndaa.

Aggle shioltcyryn eisht t'er-fooyl,
Yn sterym ta ec shee ·
Yn purt ta cronnal roish nyn fooyll,
Ayn lhig daue moylley Jee.

Jee ta livrey ad afs dagh gaue ;
Lhig deiney jeh goaill baght,
Dy vel yn faarkey fo e laue,
As geayghyn fo e smaght.

O eisht dy jinnagh deiney booise
Da'n Chiarn's gyn ve nyn daaue,
Agh jeh e vieys kinjagh ginsh,
E ghraih gys cloan sheelnaue !

H Y M N CLXII.

Son y Ree.

DY bannee Jee nyn Ree :
Cur fauchys da, as shee
Traa dy ghangeyr.
Ufs lhig da gennaghtyn,
Myr shoh dy hannaghtyn ;
Cur neose dty vannaghtyn
Flaunyssagh er.

Ay s' annym, corp, as cooid,
Freill eh veih pooar yn noid ;
Jean eh gerjoil :
Freill eh veih irree magh

Yn

Yn theay mee-viallagh ;
Cairys as crauecaght,
  Niartagh'e ftoyl.

Yee vie jean foia h' jeh
Lheid as ta afs e lieh,
  Geam fon anfoor :
Bannit lefh aggle Yee,
Lefh credjue, graih, as fhee,
Gys Nagh bee lheid y ree,
  Er ooilley'n ooir.

Giall neefht myr-geddyn da,
Son foddey liauyr dy hraa,
  Dy ve nyn gione :
Fo fyn lhig agglifh Chreeft,
Bifhagh' as blaaghey neefht ;
Jean eh fendeilagh jecifh,
  Ayr da dty chloan.

Nifh ayns e hraa, cur magh
Dty ghoo lefh barriaght,
  Barriaght vooar .
Aigh vie as raad cur da,
Roifh lhig da peccee craa ·
Gys nee'n flane ream chyndaa,
  Goaill-rifh dty phooar.

As tra ne'oo fakin mie,
D'cam nyn ard reiltagh thie ,
  O cur eh lefh
Gys yn ion-fenifh ayd,
Cur da ayns yrjey ftayd

        Crown

Crown lefh ny s'lee rollage,
   Ec dty laue yefh

HYMN CLXIII.

Son yn Afhoon.

HIARN bes'n Afhoon fhoh giarit jéh
   Gys nearey fon dy bra?
As vel dty chorree gaafe cha cheh,
   Nagh jean oo hooin chyndaa?

Dy vriwny ffyn ta gagglagh' fhin,
   Cur er nyn mart failleil;
Myr deinev mefhtyllagh lefh fecyn,
   Er-creau lefh mee-hreifhteil.

On ta'n Afhoon fhoh gleafhaght nifh,
   Fo baggyrt pooar dty laue:
O jean fauall eh roifh t'eh brifht,
   As lhig da nifh goaill raaue!

Trog feofe dty chullee er nyn fon,
   Dy choadey fhin tar royd,
Fecyn magh dty fhleiy as freill dty chloan,
   'S gys nearey cur y noid.

Jean ny pooar'ghyn ain ordrail,
   Bee Jee dy chemmyrk daue,
Fht yiow nyn noi yn e fardail,
   Dy haffoo noi dty laue.

Fht bee yn phooar ayd er hy infh,
   T'er choadey fhin veih baafe:

Jee

Jee ta cur treanee niartal fheefe,
As troggal deiney faafe.

HYMN CLXIV.

Son Preachoor.

YEESEY dy ynrickys, as pooar,
  Cur magh dty haghter yn Preachoor,
Cum feofe e laueyn Hiarn, as chiow
E chree lefh aile breeoil veih niau.

Bee beeal, as creenaght da dty loayrt,
Bwoaill lefh dty ghoo breeoil myr oayrd,
As jean ny creeghyn creoi y vroo ;
Ynfee da taarnagh magh dty ghoo :

Agh daue ta fon y Chiarn waiteil,
Cur da yn goo dy ghrayfe 'phreacheil,
Cur er ny creeghyn oc dy lheie,
Dy veelagh lefh yn aile dy ghraih.

Dy booifal lhig dy chooilley chree
Goaill-rifh myr chaghter huc veih Jee ;
Yn goo t'eh loayrt, cur eh lefh bree
Trooid pooar dty fpyrryd, gys dagh cree.

HYMN CLXV.

Son y Doonaght.

SHE jiu, ta'n Chiarn cheet gys e chloai,
  As jeanyms lhiaftey furriaght voue,
Nagh jem dy eaifhtagh rifh e ghoan ?
  Ta Yeefey geam ta room ayn dou,

Hem

Hem gys yn boayl ta nooghyn prayll,
Son foddee Jee, cur dou meeteil.

Ta Yeefey jiu beaghey 'hioaltane,
  Dagh creeftee geddyn Creeft, nyn ree
E hefhaght-caggee goaill arrane,
  As ginfh ny femeyn oc, da Jee.
Hem maroo neefht, fon ta mee cait,
Ta Yeefoy ghraihagh gra rhym cheet.

S' foddey ren Anna chrauce ftreeu !
  As fhirrey'n Chiarn, fon kiare-feed blein:
Dagh oie as laa 'fy chiamble ficau,
  As gys yn Chiarn lefh jecanid geam :
Gyn thie yn phadjer y hreigeil,
Gis ren ce'n Chiarn ayns fhen veeteil

Haualtagh vannit, giall dou pooar,
  Marifh dty nooghyn eifht nee m guee,
D, booiagh farkiaght fon yn oor,
  Tra vees oo foilfh.t ayns my chree ;
As ayns dty yiattyn ceau my hraa,
Ficau fon dty chenjallys dagh laa.

Cur voym dagh moilagh O my Hiarn,
  As ftroie my noidyn ooilley neefht ;
Ta fhirey mee, void hene y hayrn,
  As gys yn feihll chur lefh mee reefht ;
As eircy ver oo dou meeteil,
Lhig dou ve er my arrey, prayll.

HYMN CLXVI.

O laa gloyroil dy fea,
  Er dirree Creeft Mac Yee !

          X   Taitnys

Taitnys my hooillyn d'akin eh,
  As boggey da my chree.

Jiu ta cheet neofe nyn rec,
  Da' nooghyn coyrt meeteil :
Eifht fod' mayd foie, as gennaght Jee,
  Cur graih, cur booife, as prayll.

Baare lhiam un laa, y cheau
  Yn boayl ta Jee grayfoil ,
Na dy vaarail thoufaneyn jeu,
  Ayns eunyffyn peccoil.

Cur grayfe dooin Hiarn, dy hooyl
  Slane aarloo ec dagh traa ·
As tra nee'oo geamagh fhin er-fooyl,
  Gow fhin gys maynryfs bra.

H Y M N CLXVII.

Son y Faftyr.

HAUALTAGH hug oo foilfhey hym,
    Yn laa fhoh t er ve ceaut ,
My Hiarn, bee noaght my-geayt-y-moom,
  As freill mee kinjagh fauit

Cur olkys foddey veih my chree,
  As bannee mee lefh grayfe ,
Gy voddym gennaght graih as fhee,
  As aynyds ve ec aafh

Dy hooill ghloyroil nagh vel goaill fea,
  Ta orrym foit dy jcean ,

I

Lhig da dty ghraih mish y livrey
Veih feaghyn, as veih pian.

Eisht, dy feer fauchey lhie-ym sheese,
Son Jee ta my hreishteil ;
As ta my charrey Yeesey Creest
Dy Kinjagh son aym prayll !

H Y M N   CLXVIII.

Er Cooyl Skyrragtyn.

T'AD maynrey er-skyn insh
Ta credjal ayns Creest,
As niau son nyn eiraght er reih !
Cha vod chengey er-bee
Ginsh boggey as shee,
'N annym ta hoshiaght cur graih.

Yn boggey as shee
Shen hooar mish veih Jee,
Trooid Creest ren eh soilshaghey dou ;
Son trooid credjue ayn
Ren mee geddyn pardoon,
'A Yeesey da m'annym myr niau !

Cre'n vaynrys va aym !
Er Yeesey cur enn',
As toiggal dy row mee ayns foayr,
Eisht ceau mee hene sheese,
Cur moylley da Creest,
Da carrey ny peccee cur gloyr.

Er shianyn e ghraih
Troggit seose, foddey veih   Pooar

Pooar peccah as moilaghyn neefht ;
 Gyn jerkal dy bra
 Dy darragh yn laa
Vein keayney, as dobberan reefht.

 Goaill boggey dagh laa,
 Dy kinjagh veign gra
O dy jeanagh dagh annym goaill rifh !
 Reu niau y aaggail,
 Hur baafe dy hauail
Eer lheid yn diogh-yantagh as mifh.

 Dy naftee jeant feyr,
 Goll feofe er yn aer !
Gyn tioo mifh ELIJAH hie roym ;
 My chree er ny hiow,
 Myr getlagh gys Niau,
Yn feihll fhoh dy injil va foym.

 V'aym taitnys gloyroil,
 As eunys gerjoil,
Ayns fuill deyr yn Eayn er my niee ;
 Dy kinjagh goaill ayrn
 Jeh fhefhaght my Hiarn,
As lhieent myr lefh laanid jeh Jee.

HYMN CLXIX.

AH ! cre vel mee nifh ?
 Cre'n tra, ny cre lefh
Dy huit mee veih'n yrjey dy ghrayfe ?
 Er duittym afs foayr,
 As rooifht jeh my ghloyr !
Gyn gennaghtyn gerjagh ny aafh.

       S'coa

S'coan foîlt ta fys aym
Kys chaill mee my ghreim,
Ch'almoragh shen tuittym veih Jee ;
Son tra haink y jouyl
Lesh miolaghyn dewil,
She moyrn ren pyihooncy my chree.

Hoig mee er y chooyl
Dy row Yeefey er-fooyl,
Nagh voddin eisht taftey chur da ;
My voggey as kiaull,
Dy leah ren mee choayl,
Va'n oie aym ayns ynnyd y laa.

Ah ! mish ta my ghreih !
Nish gaccan dy treih,
Ta lhieent lane dy horchagh as broid :
Son Creeft t'er m'aagail,
As mish ta rouail
Fud peccah, as croutyn y noid.

Son nish cha vel nhee
Oddys gerjaghey mee,
Dagh maynrys ta er my hreigeil :
Ta m'annym cha faafe,
Nagh voddym fon grayfe,
Gys carrey ny peccee nish prayll.

My heaghyn ta wheesh
Nagh vod chengey ginsh,
Ayns trimshey cur shiaghey yn traa :

Myr

Myr Addam ta mifh,
Tra va'n faarey brifht,
Afs Pargys ncefht er ny hyndaa.

Eiyrit magh veih my Yee,
My fhaghrynagh fkee,
Trooid faafagh dy hrimfhey nifh goll ;
Angaifhagh cheu-ftie,
Nagh voddym cheet thie.
Dy chofney yn ghraih ren mee choayl!

Cha voddym dy bra
My chree y hyndaa,
Ny Yeefey y hoilfhagh dou henc :
Ny-yeih gennaght treifht,
Dy groym eh hene neofe,
Dy jean eh foaft chymmey ghoaill jeem.

H Y M N CLXX.

Son yn Ollick.

LIORISH deiney as ainlyn,
I hig Jee yn Ayr ve moyllit
Yn moghrcy t'ayn
Haink Lhiannoo hooin,
She dooin yn Mac ta currit,
Yn chaghter as yn feanifh,
Jeh foayr yeih Jee as maynrys ;
Jee t'er choyit fheefe,
Hooin Yeefey Creeft !
Dy ve dooin flane faualtys.

Qo yn Meffias graihagh,
T'ou boggey ny afhoonyn ;

O

O Yeesey Creeft,
She Jee oo neeiht,
Yn Chiarn ien ooilley chroo flun :
She oo fer choyrlee peccee,
Dy livrey fhin t'ou maital,
O Prince y chee,
Gow hood dagh cree!
As reill aynin dy baghtal.

Gow fhiu dt'akin Ree flaunyfs,
As fhit fhiu eh dy tappee :
Cha imlee meen,
Ayns ftable hene,
Manjoor echey fon lhiabbee ,
Son ain t'eh neofe er chrommey,
Veih oghyrifh e Ayrey,
Lh chroo dagh nhee,
T'eh feer imlee,
Marifh cretooryn beaghey !

Fh ren ny ainlyn ooafhlagh,
T'er n'ghoaill ny n'ghooghys foalley ;
Nifh cur fhiu geill
Da Jee, fyn eill ,
Yn fer ren fhin y chiaddey :
Lhip flane fheelnane y houggal,
Cre'n bannaght ta ftowit orroo ,
Yn lhiannoo Creeft
Jeh huriu reifh,
T'eh lhieeney niau as thalloo !

Cur fhiu mv-ner yn oinkan,
Ta feeu jeh gloyr gyn jerrey **

E

'E laueyn hene,
   Nee fauail fhin,
As troggal jeein dagh errey,
Coyrt mow'n'ard-nieu camlagagh,
E obbyr t'eh dy lheittal,
   As fofley jiu,
   Yn giat gys niau,
Da dagh unnane ta credjal.

Gys fhen, O Yeefey ghraighagh,
Ta fhin dy imlee crommey,
   Lefh nyn flane gree,
   Shirvifh nyn Ree,
As genn il coyrt dhyt moylley ;
The hood ta fhin nifh chebbal,
Dty yiootyn hene lefh eunys :
   Derrey hig oo
   Ayns dt'oafhley noo,
As goaill fhin feofe gys flaunyfs.

HYMN CLXXI.

O H roailtagh flaunyffagh tar hym ;
   Cha vaikym oo, agh goaill ort gream,
T'adfyn va marym er n'gholl roym,
As ta mee faagit nifh mayrt hene :
Mayrt hene kiarail dy cheau yn traa,
As gleck dy creoi gys brifhey'n laa.

Cha lhiafs dou foilfhagh dhyt my ftayd,
My hreihys flane ta fys ayd er.
Son grainnit er ny laueyn ayd,
Foddee oo mifh y chur-my-mer ;

Cha

agh jean ufs foilfhagh dooys quoi t'ou,
As infh cre ta dty ennym dou.

Cha jeanym fhiggey fheefe my choofh!
Cha neeu d vt fhirrey royd cha chion :
Nee ufs yn dooinney, foilfhee dooys,
Efhyn ren furranfe er my hon?
Yn raad cha lhigym dhyt gys t'ou
Er hoilfhaghey dty ennym dou.

As ga dy vel yn corp failleil,
As laik cur feofe ta'n challin faafe ;
Ny yeih da fhoh cha derym geill ·
Annoon, agh foddey ftroafhey gaafe ,
As tra nee niart y chorp failleil,
Be pooar aym marifh Jee fyn eil.

Cur feofe hym nifh fon ta mee faafe,
Agh coyrt my varrant flane ort hene ;
Loiyr rhym lefh bannaghtyn dty ghrayfe .
As jean my phadjer jeean chooilleein ,
Yn raad cha lhigym dhyt gys t'ou
Er hoilfhagh' dt'ennym graihagh dou.

T'ou graih t'ou ghraih ta fys aym nifh,
She ei my hon hur oo yn baafe!
Ta n oie er-fooyl ta'n moghrey brifhit,
T'ou da dagh annym chebal grayfe ,
Cha nee fardail dooys gleck cha creoi ,
T 'n dooghys ayd as dt'ennym graih

T'ou neefht flane fondagh dy hauil,
Yn peccagh boght t'ou carrey da,

Y   Ch.

Cha jean oo mifh dy leah aagail,
Agh ver oo graih dou fon dy bra.
Dy bragh cha jean dty vyghyn traih:
Ta'n dooghys ayd as dt'ennym graih.

Ordyr dagh Soarch dy Hymn ay
jn Liaor fhoh:

HOSHIAGHT,

Yn ched line jeh dy chooilley Hymn

C na

Ice

O

Tar

☞ Ayns 20th Hymn, Page 29d, 8th Verſe,
t'en ched daa line ei ny viiſal aſs, agh cuir
ayns ſhen ee v jerrey.

Beem eiyrt magh veih Jee ?
Ny baghey mariſh Creeſt ?

     YN JERREY.